内部控制视角下农业企业财务风险识别及控制研究

王亚 著

哈尔滨出版社

图书在版编目（CIP）数据

内部控制视角下农业企业财务风险识别及控制研究 / 王亚著． — 哈尔滨：哈尔滨出版社，2022.7
　　ISBN 978-7-5484-6560-7

Ⅰ．①内… Ⅱ．①王… Ⅲ．①农业企业管理－财务风险－研究－中国 Ⅳ．①F324

中国版本图书馆CIP数据核字（2022）第098099号

书　　名：内部控制视角下农业企业财务风险识别及控制研究
NEIBU KONGZHI SHIJIAO XIA NONGYE QIYE CAIWU FENGXIAN SHIBIE JI KONGZHI YANJIU

作　　者：王　亚　著
责任编辑：韩金华
封面设计：树上微出版

出版发行：哈尔滨出版社（Harbin Publishing House）
社　　址：哈尔滨市香坊区泰山路82-9号　　邮编：150090
经　　销：全国新华书店
印　　刷：武汉市籍缘印刷厂
网　　址：www.hrbcbs.com
E-mail：hrbcbs@yeah.net
编辑版权热线：（0451）87900271　87900272
销售热线：（0451）87900202　87900203

开　　本：710mm×1000mm　1/16　　印张：16.25　　字数：217千字
版　　次：2022年7月第1版
印　　次：2022年7月第1次印刷
书　　号：ISBN 978-7-5484-6560-7
定　　价：88.00元

凡购本社图书发现印装错误，请与本社印制部联系调换。
服务热线：（0451）87900279

前 言

农业企业是全面推动我国农业产业化经营、带动农业发展、振兴我国农村经济、实现我国"三农"政策、有效增加农民收入的生力军。内部控制作为现代企业会计制度中的重要内容是保障会计信息真实性、提高企业管理水平、促进我国农村经济规范化发展的重要途径。

财务管理是整个企业管理的核心。企业运营模式主要包括采购、生产、销售等环节，财务管理则贯穿于各个环节的全过程，是确保企业正常运营的重要基础。农业企业财务内部控制是为了更好地促进企业建设发展，为企业营造更加和谐的工作环境，降低企业内部成本投入。农业企业在新的发展时期，强化内部财务控制是非常必要的。但是，就目前我国农业企业财务控制的现状来看还存在诸多问题。本书就立足于这一现实情况，对目前我国农业企业内部控制下财务管理存在的问题进行分析并找出具体的解决措施。

本书第一章阐述了内部控制相关理论，帮助读者了解内部控制的相关内容；第二章主要论述了企业内部控制的构成要素，包括内部环境、风险评估、控制活动和信息与沟通，详细而有条理，使读者一目了然；第三章从企业财务管理方面展开论述，介绍了企业财务管理的概念、企业财务管理的环境及目标；第四章具体到农业企业财务管理，从农业企业财务管理的相关理论、任务和基本原则入手，让读者了解农业企业财务管理的相关内容，为后面的论述做了理论铺垫；第五章从农业企业内部控制和财务风险分析两个方面进行论述，在描述我国农业企业内部控制现状的基础上，指出其中存在的问题并提出解决对策，再进一步分析农业企业财务风险的成因及应对风险的措施；第六章结合我国"一带一路"倡议和"走出去"发展规划，分析我国农业企业在这一过程中可能或已经出现的问题，并针对当前的政策和发展实际提出切实可行的发展措施，以期推动我国农业企业的发展。

现代农业企业内部管理控制中财务内部控制是关键的部分，通过合理的管理控制对策，可以降低企业成本投入，以及经营风险，在为企业创造良好经营条件的同时，还可以促进企业综合竞争力提升。

目 录

第一章 内部控制概述 ... 1
第一节 内部控制 ... 3
第二节 内部控制理论 ... 12
第三节 内部控制制度规范 ... 18

第二章 企业内部控制构成要素分析 ... 27
第一节 内部环境 ... 29
第二节 风险评估 ... 59
第三节 控制活动 ... 93
第四节 信息与沟通 ... 115

第三章 企业财务管理概述 ... 153
第一节 企业财务管理的概念 ... 155
第二节 企业财务管理的环境 ... 160
第三节 企业财务管理的目标 ... 166

第四章 农业企业财务管理概述 ... 173
第一节 农业企业财务管理 ... 175
第二节 农业企业财务管理的任务和基本原则 ... 180

第五章 农业企业内部控制与财务风险分析 ... 185
第一节 农业企业风险管理概述 ... 187
第二节 农业企业内部控制现状 ... 209
第三节 农业企业财务风险的成因 ... 213

第四节 内部控制视角下农业企业财务风险管理
　　——以 A 公司为例..................................218
第六章 我国农业企业"走出去"的财务风险及对策..........233
　第一节 "一带一路"倡议的概述.........................235
　第二节 我国农业企业"走出去"现状分析.................236
　第三节 我国农业企业"走出去"的财务风险分析...........237
　第四节 我国农业企业"走出去"财务风险的防范...........240

参考文献..250

第一章 内部控制概述

第一节 内部控制

一、内部控制的产生和发展

内部控制是社会经济发展到一定阶段的产物。追溯其发展历史，可以说，人类自从有了群体活动，就有了一定意义上的控制。我国古代的御史制度、西方早期的议会制度，均属于控制制度的演变。在不同的国家或地区，在不同的历史发展阶段，受当地或当时特定的社会政治、法律、经济环境和管理制度的影响，内部控制的内容、形态、方法和作用等也会存在或多或少的差异。内部控制的产生和发展大体上可以分为以下几个阶段：

（一）"内部牵制"阶段

"内部牵制"制度的出现最早可追溯到数千年之前。早在公元前3600年以前的美索不达米亚文明时期，就已经出现了内部牵制的一些做法。在当时经手钱物的人就用各种标志来记录财物的生产和使用情况，以防止财物的丢失和被私自挪用。在我国，有关内部牵制的一些做法早在西周时代就得以应用。当时的统治者为防止掌管和使用财物的官吏弄虚作假甚至贪污盗窃所采用的分工牵制和交互考核办法，即内部牵制的萌芽。

L.R.Dicksee 最早于1905年提出内部牵制。他认为，内部牵制由三个要素构成：职责分工、会计记录、人员轮换。George E.Bennett 发展了内部牵制的概念，他于1930年给内部牵制下了一个完整的定义：内部牵制是账户和程序组成的协作系统，这个系统使得员工在从事本身工作时，独立地对其他员工的工作进行连续性的检查，以确定其舞弊的可能性。

20世纪40年代以前，企业通常使用的都是"内部牵制"，主要是为保护财产安全而设置。内部牵制的两个设想：一是两个或两个以上的人或部门无意识地犯同样错误的机会较少；二是两个或两个以上的人或部门有意识地合伙舞弊的可能性大大低于单独一个人或部门舞弊的可能性。内部牵制只是抓住了内部控制的部分内容，显然过于狭隘。

（二）"内部控制制度"阶段

"二战"之后，随着科学技术的飞速发展，企业生产过程的连续化、自动化程度及生产的社会化程度空前提高，这对企业管理提出了更高的要求。一些企业在传统内部牵制思想的基础上，纷纷在企业内部组织结构、经济业务授权、处理程序等方面借助各种事先制定的科学标准和程序，对企业内部的经济活动及相关的财务会计资料分别实施了控制，从而达到防范错弊、保护企业财产物资及相关资料的安全与完整、确保经营管理方针的贯彻落实及提高企业经营效率的目的。至此，内部牵制开始逐步演变为由组织结构、岗位职责、人员条件、业务处理程序、检查标准和内部审计等要素构成的较为严密的内部控制系统。

1947年，美国注册会计师协会（AICPA）下属的审计程序委员会在其《审计准则暂行公告》中第一次正式提出了内部控制这一概念。1949年，审计程序委员会发布了特别报告《内部控制——一种协调制度要素及其对管理当局和独立审计人员的重要性》。该报告首次给内部控制制度下了如下权威的定义：内部控制制度包括组织的组成结构及该组织为保护其财产安全，检查其会计资料的准确性和可靠性、提高经营效率、保证既定的管理政策得以实施而采取的所有方法和措施。

（三）"内部控制结构"阶段

进入20世纪80年代后，受系统论、控制论等管理理论的影响，内部控制的理论又有了新发展，人们对内部控制的研究重点逐步从一般含义向具体内容深化，其标志是美国注册会计师协会于1988年5月发布的《审计准则公告第 55 号》。公告以"内部控制结构"概念取代了"内部控制制度",并指出:"企业内部控制结构包括为提供企业取得特定目标的合理保证而建立的各种政策和程序"。公告认为内部控制结构由控制环境、会计系统和控制程序三个要素组成。

控制环境是对企业控制的建立和实施有重大影响的各种因素的统称。它包括管理者的思想和经营作风,组织结构,董事会的职能,授权和分配责任的方式,管理控制方法,内部审计,人事政策和实务,外部影响等。

会计系统是企业为了汇总、分析、分类、记录和报告企业交易,并保持相关资产与负债而建立的方法和记录。一个有效的会计系统应能做到以下几点:确认并记录所有真实的交易;及时且充分详细地描述交易,以便在财务报表上对交易作恰当的分类;计量交易的价值,以便在财务报表上记录其恰当的货币金额;确定交易发生的期间,以便交易记录在适当的会计期间;在财务报表中恰当地表达、披露交易及相关事项。

控制程序是指企业为保证目标的实现而建立的政策和程序。它既可以单独应用,也可以融合于控制环境或会计系统的特定组成部分。控制程序主要包括:恰当授权,职责分离,凭证和记录,接近控制,独立检查。

(四)"内部控制整体框架"阶段

进入 20 世纪 90 年代以后,受信息产业和高风险行业迅速发展的影响,内部控制的内容也发生了较大的变化。

1985 年,由美国注册会计师协会、美国审计总署、美国财务经理人协会、美国内部审计师协会及管理会计师协会共同赞助成立了反欺诈财务报告全国委员会,即 Treadway 委员会。其后基于 Treadway 委员会的建议,其赞助机构又组成了一个专门研究内部控制问题的委员会——全美反舞弊性财务报告委员会发起组织(COSO)。1992 年,COSO 委员会提出《内部控制——整体框架》报告,并于 1994 年进行了增补。该整体框架提出了内部控制包括控制环境、风险评估、控制活动、信息和沟通、监控五个要素。

控制环境是影响、制约企业内部控制的建立与执行的各种内部因素的总称，是实施内部控制的基础。内部环境主要包括治理结构、组织机构设置与权责分配、企业文化、人力资源政策、内部审计机构设置、反舞弊机制等。

风险评估是及时识别、科学分析和评价影响企业内部控制目标实现的各种不确定因素并采取应对策略的过程，是实施内部控制的重要环节。风险评估主要包括目标设定、风险识别、风险分析和风险应对。

控制活动是根据风险评估结果，结合风险应对策略所采取的确保企业内部控制目标得以实现的方法和手段，是实施内部控制的具体方式。控制活动主要包括职责分工控制、授权控制、审核批准控制、预算控制、财产保护控制、会计系统控制、内部报告控制、经济活动分析控制、绩效考评控制、信息技术控制等。

信息和沟通是及时、准确、完整地收集与企业经营管理相关的各种信息，并使这些信息以适当的方式在企业有关层级之间进行及时传递、有效沟通和正确应用的过程，是实施内部控制的重要条件。信息和沟通主要包括信息的收集机制及在企业内部和企业外部有关方面的沟通机制等。

监控是企业对其内部控制的健全性、合理性和有效性进行监督检查与评估，形成书面报告并作出相应处理的过程，是实施内部控制的重要保证。它主要包括对建立并执行内部控制的整体情况进行持续性监督检查、对内部控制的某一方面或者某些方面进行专项监督检查，以及提交相应的检查报告、提出有针对性的改进措施等。

从内部控制的产生与发展的历程看，人们对内部控制的认识经历了一个从最初含义模糊狭窄到后来内涵清晰完整，涵盖范畴更为广泛的过程。而且其还将随着社会经济的发展和科学技术的进步而不断发展和完善。

二、内部控制的方法

内部控制的方法主要包括：组织结构控制、授权批准控制、会计系统控制、预算控制、财产保全控制、人员素质控制、风险控制、内部报告控制、电子信息系统控制等。

（一）组织结构控制

组织结构控制要求单位按照不相容职务相互分离的原则，合理设计会计及相关工作岗位，明确职责权限，形成相互制衡机制。

所谓不相容职务是指那些如果由一个人担任，既可能发生错误和舞弊行为，又可能掩盖其错误和弊端行为的职务。换言之，对不相容的职务，如果不实行相互分离的措施，就容易发生舞弊等行为。不相容职务主要包括：授权批准、业务经办、会计记录、财产保管、稽核检查等职务。

这五种不相容职务之间应实行如下分离：授权批准与执行业务相分离；业务经办与稽核检查相分离；业务经办与会计记录相分离；财产保管与会计记录相分离；业务经办与财产保管相分离。

（二）授权批准控制

授权批准控制是指企业在处理经济业务时，必须经过授权批准，以便进行控制。授权批准按其形式可分为一般授权和特殊授权。所谓一般授权是指对办理常规业务时权力、条件和责任的规定，一般授权时效性较长；特殊授权是对办理例外业务时权力、条件和责任的规定，一般其时效性较短。授权批准控制要求单位明确规定涉及会计及相关工作的授权批准范围、权限、程序、责任等内容。

（三）会计系统控制

会计系统控制要求单位依据《中华人民共和国会计法》和国家统一的会计控制规范，制定适合本单位的会计制度，明确会计凭证、会计账簿和财务会计报告的处理程序，建立和完善会计档案保管和会计工作交接办法，实行会计人员岗位责任制，充分发挥会计的监督职能。

（四）预算控制

预算控制要求单位加强预算编制、执行、分析、考核等环节的管理，明确预算项目，建立预算标准，规范预算的编制、审定、下达和执行程序，及时分析和控制预算差异，采取改进措施，确保预算的执行。预算内资金实行责任人限额审批，限额以上资金实行集体审批。严格控制无预算的资金支出。

（五）财产保全控制

财产保全控制要求单位限制未经授权的人员对财产的直接接触，采取定期盘点、财产记录、账实核对、财产保险等措施，确保各种财产的安全完整。

（六）人员素质控制

人员素质控制是对员工素质所进行的一种控制，目的是获得高素质的员工。人员的素质对内部控制的效果起着非常重要的作用。实施人员素质控制主要是要把好三关：加强对员工招聘环节的控制，保证招聘到素质比较高的员工；加强对员工的职业道德教育和教育培训；加强对员工的考核，及时淘汰不称职的员工。

（七）风险控制

风险控制要求单位树立风险意识，针对各个风险控制点，建立有效的风险管理系统，通过风险预警、风险识别、风险评估、风险分析、风险报告等措施，对财务风险和经营风险进行全面的防范和控制。

为防范规避风险，企业应建立风险评估机制。企业常有的风险评估主要有筹资风险评估、投资风险评估、信用风险评估和合同风险评估。

风险控制是企业一项基础性和经常性的工作，企业必要时可设置风险评估部门或岗位，专门负责有关风险的识别、规避和控制。

（八）内部报告控制

内部报告控制要求单位建立和完善内部报告制度，全面反映经济活动情况，及时提供业务活动中的重要信息，增强内部管理的时效性和针对性。

内部报告要根据管理层次设计报告频率和内容的详简，通常向高层管理者报告时间的间隔长，内容从重、从简；反之报告间隔短，内容从全、从详。常用的内部报告有资金分析报告、经营分析报告、费用分析报告、资产分析报告、投资分析报告和财务分析报告等。

（九）电子信息系统控制

电子信息系统控制要求运用电子信息技术手段建立内部控制系统，减少和消除人为操作因素，确保内部控制的有效实施，同时要加强对财务会计电子信息系统开发与维护、数据输入与输出、文件储存与保管、网络安全等方面的控制。

三、内部控制的局限性

任何一项制度、方法都有其自身的局限，有其不足之处，内部控制制度也不例外。内部控制的局限性主要体现在以下几个方面。

（一）受运行成本的限制

内部控制在许多方面受到内部控制环境的影响，其健全与否、效率高低，依赖于单位性质、规模、管理模式和管理手段。一般来讲，内部控制必须依据一定的程序进行，而这些控制程序需要一定的成本。如控制环节的设计、岗位的设置、人员的配备、保证各控制环节的运行等，都与成本密切相关。如果控制环节较多，设置的岗位也必然增加，就需要配备较多的人员，对内部控制执行的评价力量也需要增加，这样内部控制运行的成本必然随之加大。但如果过于简单，可能又不能起到应有的控制效果，经营管理过程中可能会出现漏洞，发生舞弊行为，给单位财产带来损失。因此，各单位在建立内部控制制度时，必须考虑内控的建立与运行的成本和效益问题，视单位规模大小、管理模式和内部所应防范的风险或错误可能造成的损失和浪费而定。一般来讲，内部控制成本不能超过风险或错误可能造成的损失，否则，再好的控制措施和方法也将失去其降低成本的意义。

（二）受串通舞弊的限制

内部控制的基本思想是不相容岗位或职务必须相互分离。但是，由两个或两个以上的人或部门共同控制一项经济活动或会计事项，只是从物理的角度作出的设计和防范，并不能完全防止两人或两个以上的人或部门共同作弊行为的发生。如果出纳和会计共同作弊、财产保管人员和核对人员合伙造假，采购部门与会计部门联合舞弊、审计部门与会计部门合伙舞弊等，那么，再完备、再严密的内部控制措施，也不能发挥其应有的作用。

（三）受人为错误的限制

内部控制是由人设计建立的，也是由人来进行操作的。如果单位内部行使控制的人员在心理上、技能上和行为方式上不能达到实施内部控制的基本要求，对内部控制程序、措施理解不透、执行中经常出现误解、误判，则再完备的内部控制也很难发挥作用。例如，在内部控制执行中，因工作人员粗心大意、理解错误、曲解指令等人为因素，造成对方发票总金额计算错误未被发现、发货时未索要提货单、签发支票时未审查支付用途等，都会使内部控制失去应有的作用。

（四）受职能越权的限制

内部控制执行中，最为重要的是按照内部控制程序、职责权限正确行使岗位控制职能。如果相关控制岗位的人员越权行使职能，或管理当局超越内部控制设定的权限，就很容易导致许多重大舞弊行为的发生，有可能出现挪用、转移、隐瞒单位资产，及有关文件资料、数据的丢失或失密，给单位造成重大经济损失。一般来讲，在内部控制过程中，最应注意的是防止单位高层管理人员的越权履行职能情况，对单位低层次工作人员的越权行为可以通过文件凭证、限制接近、职责分离、加大检查频率等措施来防止；但对于高层管理人员，由于其处于单位的管理和决策层权力较大，一旦有超越其职能权限行为发生，一些控制程序可能会失效。如管理当局或主要管理人员弄虚作假、故意错报财务状况和经营成果，粉饰利润时，其目的往往都能达到，而无法防止。因此，内部控制在很大程度上，受到管理当局的职能权限是否能规范、有效得以履行的限制，这也是当前单位经营活动中内部监督制度能不能有效发挥作用的关键因素之一。

（五）受制度滞后的限制

单位内部控制，一般是对经常而重复发生的经济业务或会计事项而设计的，具有相对的稳定性。如果出现不经常发生或未预计到的经济业务或会计事项，原有的控制可能会不适用或失去控制力。现代市场经济活动中，单位尤其是企业处在竞争十分激烈的市场环境中，为便于生存和发展，必然要经常调整经营策略，收购其他单位，或异地开办机构，增设生产管理部门、增加生产线等。这就可能导致原有的控制程序、控制环节、控制措施、控制岗位设置等，对新增经济业务或会计事项失去控制作用，可能就会发生因内部控制失效而产生的错误和舞弊行为，给单位带来损失。因此，内部控制的程序、方法、内容等，应当随着经济业务和会计事项内涵的变化不断进行有效的调整，使其适应单位经营管理与发展的要求。

由于内部控制存在缺陷，因此，单位应当重视内部控制的监督检查工作。单位可以由专门机构或者指定专门人员具体负责内部控制执行情况的监督检查，确保内部控制的贯彻实施。单位也可以聘请中介机构或机关专业人员对本单位内部控制的建立、健全及有效实施进行评价。

第二节 内部控制理论

一、内部控制的目标

内部控制的目标即企业希望通过内部控制的设计和实施来取得的成效，主要表现为业绩的提高、财务报告信息质量的提高、违规行为发生率的降低等。确立控制目标并逐层分解目标是控制的开始，内部控制的所有方法、程序和措施无一不是围绕着目标而展开；如果没有了目标，内部控制就会失去方向，我国《企业内部控制基本规范》规定，内部控制的目标是合理保证企业经营管理合法合规、资产安全、财务报告及相关信息真实完整，提高经营效率和效果，促进企业实现发展战略。上述目标是一个完整的内部控制目标体系不可或缺的组成部分，然而，由于所处的控制层级不同，各个目标在整个目标体系中的地位和作用也存在着差异。

（一）合规目标

合规目标是指内部控制要合理保证企业在国家法律和法规允许的范围内开展经营活动，严禁违法经营。企业的终极目标是生存、发展和获利，但是如果企业盲目追求利润，无视国家法律法规，必将为其违法行为付出巨大的代价。一旦被罚以重金或者被吊销营业执照，那么其失去的就不仅仅是利润，而是持续经营的基础。因此，合法合规是企业生存和发展的客观前提，是内部控制的基础性目标，是实现其他内控目标的保证。

内部控制作为存在于企业内部的一种制度安排，可以将法律法规的内在要求嵌入内部控制活动和业务流程之中，从最基础的业务活动上将违法违规的风险降低到最小限度,从而合理保证企业经营管理活动的合法性与合规性。

(二) 资产安全目标

资产安全目标主要是为了防止资产损失。保护资产的安全与完整,是企业开展经营活动的基本要求。资产安全目标有两个层次:一是确保资产在使用价值上的完整性,主要是指防止货币资金和实物资产被挪用、转移、侵占、盗窃,防止无形资产被侵权、侵占等。二是确保资产在价值量上的完整性,主要是防止资产被低价出售,损害企业利益。同时要充分提高资产使用率,提升资产管理水平,防止资产价值出现减损。为了保障内部控制、实现资产安全目标,首先必须建立资产的记录、保管和盘点制度,确保记录、保管与盘点岗位的相互分离,并明确职责和权限范围。

内部控制的基本思想在于制衡,因为有了制衡,两个人同时犯同一错误的概率大大减少,从而加大了不法分子实施犯罪计划、进行贪污舞弊行为的难度,进而保护企业的资产不被非法侵蚀或占用,保障企业正常经营活动的顺利开展。为了实现合理保证资产安全的控制目标,企业需要广泛运用职责分离、分权牵制等体现制衡要求的控制措施。

(三) 报告目标

报告目标是指内部控制要合理保证企业提供真实可靠的财务信息及其他信息。内部控制的重要控制活动之一是对财务报告的控制。财务报告及相关信息反映了企业的经营业绩,以及企业的价值增值过程,揭示了企业的过去和现状,并可预测企业的未来发展,是投资者进行投资决策、债权人进行信贷决策、管理者进行管理决策和相关经济主管部门制定政策和履行监管职责的重要依据。此外,财务报表及相关信息的真实披露还可以将企业诚信、负责的形象公之于众,有利于市场地位的稳固与提升及企业未来价值的增长。从这个角度来看,报告目标的实现程度又会在一定程度上影响经营目标的实现程度。

要确保财务报告及相关信息的真实完整,一方面应按照企业会计准则的相关要求如实地核算经济业务、编制财务报告,满足会计信息的一般质量要求。另一方面则应通过内部控制制度的设计,包括不相容职务分离、授权审批控制、日常信息核对等,来防止提供虚假会计信息。

(四)经营目标

提高经营的效率和效果(即有效性)是内部控制要达到的最直接也是最根本的目标。企业存在的根本目的在于获利,而企业能否获利往往直接取决于经营的效率和效果如何。企业所有的管理理念、制度和方法都应该围绕着提高经营的效率和效果来设计、运行并进行适时的调整,内部控制制度也不例外。内部控制的核心思想是相互制衡,而实现手段则是一系列详尽而复杂的流程,这似乎与提高效率的目标相悖,实则不然。内部控制是科学化的管理方法和业务流程,其本质是对于风险的管理和控制,它可以将对风险的防范落实到每个细节和环节当中,真正地做到防微杜渐,使企业可以在低风险的环境中稳健经营。而忽视内部控制的经营管理,貌似效率很高,实则企业处于高风险的经营环境,一旦不利事项发生,轻则对企业产生重创,重则导致企业衰亡。

良好的内部控制可以从以下四个方面来提高企业的经营效率和效果:一是组织精简,权责划分明确,各部门之间、工作环节之间要密切配合,协调一致,充分发挥资源潜力,充分有效地使用资源,提高经营绩效;二是优化与整合内部控制业务流程,避免出现控制点的交叉和冗余,也要防止出现内控盲点,要设计最优的内控流程并严格执行,最大限度地提高执行效率;三是建立良好的信息和沟通体系,可以使会计信息及其他方面的重要经济管理信息快速地在企业内部各个管理层次和业务系统之间有效地流动,提高管理层的经济决策和反应的效率;四是建立有效的内部考核机制,对绩效的优劣进行科学考核,可以实行企业对部门考核、部门对员工考核的多级考核机制,并将考核结果落实到奖惩机制中去,对部门和员工起到激励和促进的作用,提高工作的效率和效果。

（五）战略目标

促进企业实现发展战略是内部控制的最高目标，也是终极目标。战略与企业目标相关联，是管理者为实现企业价值最大化的根本目标而针对环境做出的一种反应和选择。如果说提高经营的效率和效果是从短期利益的角度定位的内部控制目标，那么促进企业实现发展战略则是从长远利益出发的内部控制目标。战略目标是总括性的长远目标，而经营目标则是战略目标的短期化与具体化，内部控制要促进企业实现发展战略，必须立足于经营目标，着力于经营效率和效果的提高，只有这样，才能提高企业核心竞争力，促进发展战略的实现。

要实现这一目标，首先应由公司董事会或总经理办公会议制定总体战略目标，并通过股东代表大会表决通过，战略目标的制定要充分考虑外部环境和内部条件的变化，根据相应的变化进行适时的调整，确保战略目标在风险容忍度之内。其次，应将战略目标按阶段和内容划分为具体的经营目标，确保各项经营活动围绕战略目标开展；再次，应依据既定的目标实施资源分配，使组织、人员、流程与基础结构相协调，以便促成成功的战略实施；最后，应将目标作为主体从事活动的可计量的基准，围绕目标的实现程度和实现水平实行绩效考核。

（六）内部控制目标之间的关系

内部控制的五个目标不是彼此孤立的，而是相互联系的，共同构成了一个完整的内部控制目标体系。其中，战略目标是最高目标，是与企业使命相联系的终极目标；经营目标是战略目标的细化、分解与落实，是战略目标的短期化与具体化，是内部控制的核心目标；资产安全目标是实现经营目标的物质前提；报告目标是经营目标的成果体现与反映；合规目标是实现经营目标的有效保证。

二、内部控制的要素

内部控制通常被划分成若干个基本要素。这些要素及其构成方式，决定着内部控制的内容与形式。《企业内部控制基本规范》第五条规定了内部控制的五要素，即内部环境、风险评估、控制活动、信息与沟通和内部监督。

（一）内部环境

内部环境是企业实施内部控制的基础，一般包括治理结构、机构设置及权责分配、内部审计、人力资源政策、企业文化等。内部控制应用指引把这些方面归为内部环境要素。其中，治理结构是重中之重，企业实施内部控制应先从治理结构等入手。内部控制只有得到高层的充分重视，才能取得成功。如果主要领导人滥用职权，内部控制势必要失效。内部控制是通过人来实施的，而企业文化则是企业的灵魂。

内部环境是内部控制其他四个构成要素的基础，在企业内部控制的建立与实施中发挥着基础性作用。内部环境应充分体现企业业务模式、经营管理的特点及内部控制的要求，与企业自身的规模、发展阶段相适应。

（二）风险评估

风险是指一个潜在事项的发生对目标实现产生的影响。风险评估是单位及时识别、系统分析经营活动中与实现内部控制目标相关的风险，合理确定风险应对策略。它是实施内部控制的重要环节。

风险评估主要包括目标设定、风险识别、风险分析和风险应对等环节。风险与可能被影响的控制目标相关联。企业必须制定与生产、销售、财务等业务相关的目标，建立辨认、分析和管理相关风险的机制，以了解企业所面临的来自内部和外部的各种不同风险。在充分识别各种潜在风险因素后，要对固有风险（即不采取任何防范措施可能造成的损失程度）进行评估，同时，重点评估剩余风险（即采取了相应应对措施之后仍可能造成的损失程度）。企业管理层在评估了相关风险的可能性和后果，以及成本效益之后，要选择一系列策略将剩余风险控制在期望的风险承受度之内。

（三）控制活动

控制活动是指结合具体业务和事项，运用相应的控制政策和程序（或称控制措施）去实施控制，也就是在风险评估之后，单位采取相应的控制措施将风险控制在可承受的范围之内。

控制措施一般包括：不相容职务分离控制、授权审批控制、会计系统控制、财产保护控制、预算控制、运营分析控制、绩效考评控制等。企业应通过采用手工控制与自动控制、防护性控制与发现性控制相结合的方法实施相应的控制措施。

（四）信息与沟通

信息与沟通是企业及时、准确地收集、传递与内部控制相关的信息，确保信息在企业内部、企业与外部之间进行有效沟通。信息与沟通是实施内部控制的重要条件。

信息与沟通的主要环节有：确认、计量、记录有效的经济业务；在财务报告中恰当揭示财务状况、经营成果和现金流量；保证管理层与单位内部、外部的顺畅沟通，包括与股东、债权人、监管部门、注册会计师、供应商等的沟通。信息与沟通的方式是灵活多样的，但无论哪种方式，都应当保证信息的真实性、及时性和有用性。

（五）内部监督

内部监督（即监控）是单位对内部控制建立与实施情况监督检查，评价内部控制的有效性，对于发现的内部控制缺陷，及时加以改进。它是实施内部控制的重要保证，是对内部控制的控制。

内部监督包括日常监督和专项监督。监督情况应当形成书面报告，并在报告中揭示内部控制的重要缺陷。内部监督形成的报告应当有畅通的报告渠道，确保发现的重要问题能及时送达董事会、监事会和经理层。同时，应当建立内部控制缺陷纠正、改进机制，充分发挥内部监督效力。

第三节 内部控制制度规范

一、内部控制制度

内部控制制度是以企业单位的总体经济活动为对象，采取一系列专门的方法、措施和程序对所属控制系统建立内部控制体系的一种特殊管理制度。内部控制制度主要包括货币资金控制、实物资产控制、对外投资控制、工程项目控制、采购与付款控制、销售与收款控制、成本费用控制、筹资控制和担保控制等。

（一）建立内部控制制度的基本原则

一个单位经营管理状况的好坏，与该单位内部控制制度是否完善、严密有着密切的关系。要想使单位的经营管理状况获得好转和处于良性状态，做到持续经营、不断发展，必须要从建立和完善内部控制制度着手。建立和设计单位内部控制制度，必须遵循和依据以下基本原则。

1. 合法性原则

内部控制制度应当符合国家的法律、行政法规的规定和有关政府监管部门的监管要求。法律、法规是由国家制定的，它体现了广大人民群众的根本利益，并对单位的生产经营和经济管理起着强制性或指导性作用。单位在建立、维护和修订内部控制制度时，要以国家的法律、法规和政策为依据。

2. 全面性原则

内部控制制度在层次上应当涵盖企业董事会、管理层和全体员工，在对象上应当覆盖企业各项业务和管理活动，在流程上应当渗透到决策、执行、监督、反馈等各个环节，以避免内部控制出现空白和漏洞。

3. 重要性原则

内部控制制度应当在兼顾全面的基础上突出重点，针对重要业务与事项、高风险领域与环节采取更为严格的控制措施，确保不存在重大缺陷。

4. 有效性原则

内部控制制度应当能够为内部控制目标的实现提供合理保证。企业全体员工应当自觉维护内部控制的有效执行。内部控制制度建立和实施过程中存在的问题应当能够得到及时纠正和处理。

5. 制衡性原则

企业的机构、岗位设置和权责分配应当科学合理并符合内部控制的基本要求，确保不同部门、岗位之间权责分明和有利于相互制约、相互监督。履行内部控制监督检查职责的部门应当具有良好的独立性。任何人不得拥有凌驾于内部控制之上的特殊权力。

6. 适应性原则

内部控制制度应当合理体现企业经营规模、业务范围、业务特点、风险状况及所处具体环境等方面的要求，并随着企业外部环境的变化、经营业务的调整、管理要求的提高等不断改进和完善。

7. 成本效益原则

内部控制制度应当在保证内部控制有效性的前提下，合理权衡成本与效益的关系，争取以合理的成本实现更为有效的控制。

（二）内部控制制度的设计重点

由于各个单位的实际情况千差万别，因此，也不会存在一个完全固定的内部控制模式。各单位必须根据本单位的实际情况，因地制宜、因人而异地制定本单位的内部控制制度。企业内部控制制度应该涵盖企业经营管理的各个层级、各个方面和各项业务环节。但是，建立有效的内部控制制度，也应当考虑一些重点。

1. 以预防为主、查处为辅

各单位建立内部控制制度主要是为了防止单位的经营管理发生无效

率和不法行为。因此，判断一项内部控制制度设计的好坏，首先应根据其防止错弊发生的效果来衡量，其次再考虑其对已发生的不法事件的揭露和处理情况。进行预防控制首先应规定业务活动的规则和程序，并在单位内部设置有关的规章制度，保证业务活动能够有条不紊地进行，同时尽量避免经济运行中的错误、舞弊或浪费现象。在实行预防控制时，还要注意，一定要预测到差错发生概率的高低及其可能造成的影响，并根据具体差错的特性采取有效措施，特别要注意多重措施和综合措施的采用。

当然，任何企业的管理者都不能完全保证事先制定的规则、程序、制度等得到有效执行。为此，在坚持预防为主的前提下还必须采取内部稽核、内部审计等方式，加大对事后不法或无效率行为的查处力度，多方面、多渠道堵塞漏洞，充分发挥制度的控制效能。事后查处一般多是在错误或问题发生以后再进行检查或采取行动，其所造成损失往往无法弥补，只是对以后的业务有所裨益。

管理者在设计内部控制制度时，应注重预防性控制的事前和事中的引导匡正作用，尽量降低错弊发生的可能性及其造成的损失。

2. 注重选择关键控制点

内部控制制度要求单位必须建立一个能涵盖其经营管理活动全过程的内部控制整体框架。但对主管人员来说，随时注意内部业务活动的每一个环节，通常是浪费时间精力且没有必要的。这就决定了管理者应当也只能将注意力集中于业务处理过程中发挥作用较大、影响范围较广，对保证整个业务活动的控制目标至关重要的关键控制点上。

内部控制的重点应放在避免和减少效率低下、违法乱纪事件的发生上。因此，管理者的任务之一就是要在众多的甚至相互矛盾的目标中选择出关键的反映工作本质和需要的目标，并加以控制。

在具体选择关键控制点时，一般应选择关键的成本费用项目、关键的业务活动或关键的业务环节和重要的要素或资源。需加说明的是，不同的经济业务活动有着不同的关键控制点，在某项经济业务活动中属于关键控制点,而在其他业务活动中则有可能属于一般控制点,反之亦然。

3. 注重相互牵制

相互牵制是以事务分管为核心的自检系统,通过职责分工和作业程序的适当安排,使各项业务活动能自动地被其他作业人员查证核对。内部牵制主要包括体制牵制、簿记牵制和实物牵制。

体制牵制是指通过组织规划与结构设计,把各项业务活动按其作业环节划分后交由不同的部门或人员,实行分工负责,即实现不相容职务的适当分离,以防止错弊的发生。

簿记牵制是指在账簿组织方面,利用复式记账原理和账簿之间的钩稽关系,互相制约、监督和牵制,一般主要是指原始凭证与记账凭证、会计凭证与账簿、账簿与财务报表之间的核对。

实物牵制是指对某项实物须由两个或两个以上的人员共同掌管或共同操作才能完成一定程序的牵制。

在内部控制的设计过程中,通常要做到在横向关系上,一项业务至少要经过彼此独立的两个或多个部门或人员,以使该部门或人员的工作能够接受另一部门或人员的检查和制约;在纵向关系上,一项业务至少也要经过互不隶属的两个或两个以上的岗位和环节,以使上下级互相监督。具体包括:分离经济业务的授权批准职务与执行职务;分离经济业务的执行与审查的职务;分离资产保管与相关登记记录的职务;分离财产保管与账实核对的职务;分离总账与明细账登记的职务;分离日记账与总分类账登记的职务。

4. 设立补救措施

现代企业是由人、财、物、信息技术等要素构成的复杂有机整体,其受时空变化和环境影响较大,加之随机因素较多,既定的内部控制制度也就难以按照预期的目标发挥作用。内部控制必须保证在发生了一些未能预测的事件情况下,控制工作仍然有效,不受剧烈影响。

一个有效的内部控制系统,除了能够防止意外事件或不良后果的发生,并具备及时发现和揭示出已经产生的差错、舞弊和其他不规范行为的能力外,还应确保及时采取适当的纠正措施。

二、内部控制规范
(一)制定内部控制规范的必要性

由政府推动企业内部控制工作是一项国际惯例。我国政府有关部门从 20 世纪 90 年代起便开始推动企业内部控制建设。

中国人民银行、中国证监会等先后发布过有关内部控制的行政规定;1999 年修订的《中华人民共和国会计法》从法律角度对内部控制作出了规定;2001 年 6 月 22 日,财政部以财会〔2001〕41 号文件发布了《内部会计控制规范——基本规范(试行)和《内部会计控制规范——货币资金(试行)》。作为《中华人民共和国会计法》的配套措施,这两个规范针对当时一些单位内部管理松弛、控制弱化的问题,要求加强内部会计及与会计相关的控制,形成完善的内部牵制和监督制约机制,以堵塞漏洞,消除隐患,保护财产安全,防止舞弊行为,促进经济活动健康发展。

内部会计控制是企业内部控制的重要组成部分,是财务管理的重要内容,是建立内部控制框架及考核、评价内部控制的指导性参照物,其重要性不言而喻。但是,内部控制是一项系统工程,如果仅仅是对会计工作进行规定,而对业务流程不加以控制的话,内部控制的效果就会大打折扣。

同时,由于内部控制多为政府主导,在国有企业中推行,这导致企业虽是内部控制制度的逻辑需求者,但对内部控制制度是被动接受。在早期内部控制规范制定过程中,存在缺乏对企业内部控制环境的研究,一味地奉行"拿来主义"等问题,导致制度推行不力,并且早期出台的内部控制规范或称"原则",或是"指引",抑或"规范",政出多门,对细节的规定标准不一,实施范围交叉,制度制定的多元化导致制度解释各自为战,造成企业无所适从。

于是，为了适应新形势下经济发展和企业管理的需要，迫切需要制定一部具有统一性、权威性、与国际接轨的内部控制制度。一方面，企业会计准则体系的贯彻实施要以坚固的内部控制制度为基础，两者配合呼应，相辅相成；另一方面，我国企业要走出国门，必须先练好"内部控制健全"的功夫。

于是，我国内部控制规范制定工作开始了新阶段的提速之旅。2006年7月15日，财政部会同有关部门发起成立企业内部控制标准委员会。2007年3月2日，财政部就《企业内部控制规范——基本规范》和17项具体规范公开征求意见；2008年5月22日财政部、证监会，审计署、银监会、保监会联合印发《企业内部控制基本规范》，自2009年7月1日起在上市公司范围内施行，鼓励非上市的大中型企业执行；2010年4月26日财政部会同证监委、审计署、银监委和保监委制定了应用指引（18项）、评价指引和审计指引，并要求2011年1月1日起在境内外同时上市的公司施行，自2012年1月1日起扩大到在上海和深圳证交所主板上市的公司施行，在此基础上择机在中小板和创业板上市公司施行。同时，鼓励非上市大中型企业提前执行。

（二）企业内部控制规范的结构内容

企业内部控制规范体系一般包括基本规范、应用指引、评价指引和审计指引，如图1-1所示。

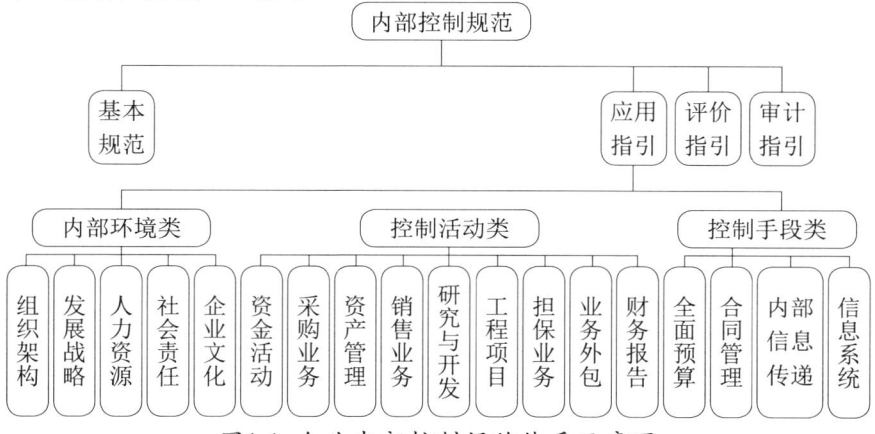

图1-1 企业内部控制规范体系示意图

(三）内部控制评价

内部控制评价，是指企业董事会或类似权力机构对内部控制的有效性进行全面评价，形成评价结论，出具评价报告的过程。

1. 内部控制评价的内容

企业应当根据《企业内部控制基本规范》，应用指引及本企业的内部控制制度，围绕内部环境、风险评估、控制活动、信息与沟通、内部监督等要素，确定内部控制评价的具体内容，对内部控制设计与运行情况进行全面评价。

2. 内部控制评价的程序

内部控制评价程序一般包括：制定评价工作方案、组成评价工作组、实施现场测试、认定控制缺陷、汇总评价结果、编报评价报告等环节。

企业可以授权内部审计部门或专门机构（简称内部控制评价部门）负责内部控制评价的具体组织实施工作。

评价工作组成员对本部门的内部控制评价工作应当实行回避制度。

企业可以委托中介机构实施内部控制评价。为企业提供内部控制审计服务的会计师事务所，不得同时为同一企业提供内部控制评价服务。

3. 内部控制缺陷

内部控制缺陷包括设计缺陷和运行缺陷。企业对内部控制缺陷的认定，要以日常监督和专项监督为基础，结合年度内部控制评价，由内部控制评价部门进行综合分析后提出认定意见，按照规定的权限和程序进行审核后予以最终认定。

内部控制缺陷按其影响程度可分为重大缺陷、重要缺陷和一般缺陷。

重大缺陷，是指一个或多个控制缺陷的组合，可能导致企业严重偏离控制目标。

重要缺陷，是指一个或多个控制缺陷的组合，其严重程度和经济后果低于重大缺陷，但仍有可能导致企业偏离控制目标。

一般缺陷，是指除重大缺陷、重要缺陷之外的其他缺陷。

重大缺陷、重要缺陷和一般缺陷的具体认定标准，由企业根据要求自行确定。对于认定的重大缺陷，应当及时采取应对策略，切实将风险控制在可承受度之内，并追究有关部门或相关人员的责任。

4. 内部控制评价报告

内部控制评价报告应当分为内部环境、风险评估、控制活动、信息与沟通、内部监督等要素进行设计，对内部控制评价过程、内部控制缺陷认定及整改情况、内部控制有效性的结论等相关内容作出披露。

内部控制评价报告至少应当披露下列内容：

（1）董事会对内部控制报告真实性的声明。

（2）内部控制评价工作的总体情况。

（3）内部控制评价的依据。

（4）内部控制评价的范围。

（5）内部控制评价的程序和方法。

（6）内部控制缺陷及其认定情况。

（7）内部控制缺陷的整改情况及重大缺陷拟采取的整改措施。

（8）内部控制有效性的结论。

（四）内部控制审计

内部控制审计，是指会计师事务所接受委托，对特定基准日内部控制设计与运行的有效性进行审计。建立健全和有效实施内部控制，评价内部控制的有效性是企业董事会的责任。按照《企业内部控制审计指引》的要求，在实施审计工作的基础上对内部控制的有效性发表审计意见，是注册会计师的责任。

第二章 企业内部控制构成要素分析

第一节 内部环境

一、组织架构

（一）组织架构概述

组织架构，是指企业按照国家有关法律法规、股东（大）会决议和企业章程，结合本企业实际，明确股东（大）会、董事会、监事会、经理层和企业内部各层级机构设置、职责权限、人员编制、工作程序和相关要求的制度安排。组织架构包括治理结构和内部机构两个层面。

1. 治理结构

治理结构就是企业治理层面的组织架构。它是企业成为可以与外部主体发生各项经济关系的法人所必备的组织基础。具体地说，是指企业根据相关的法律法规，设置不同层次、不同功能的法律实体及相关的法人治理结构，从而使得企业能够在法律许可的框架下拥有特定权利、履行相应义务，以保障各利益相关方的基本权益。

【案例】

中国石油天然气股份有限公司治理结构

中国石油天然气股份有限公司是中国油气行业占主导地位的最高的油气生产和销售商，是中国销售收入最高的公司之一，也是世界销售收入最高的石油公司之一。中国石油是根据《中华人民共和国公司法》（以下简称《公司法》）和《国务院关于股份有限公司境外募集股份及上市的特别规定》，由中国石油天然气集团公司独家发起设立的股份有限公司，成立于1999年11月5日。

中国石油自成立以来，根据我国《公司法》《到境外上市公司章程

《必备条款》等有关法律、法规、规范性文件及公司章程，建立健全了规范的公司治理结构。本公司的股东（大）会、董事会、监事会均能按照公司章程独立有效地运行。

中国石油天然气股份有限公司治理结构如图2-1所示。

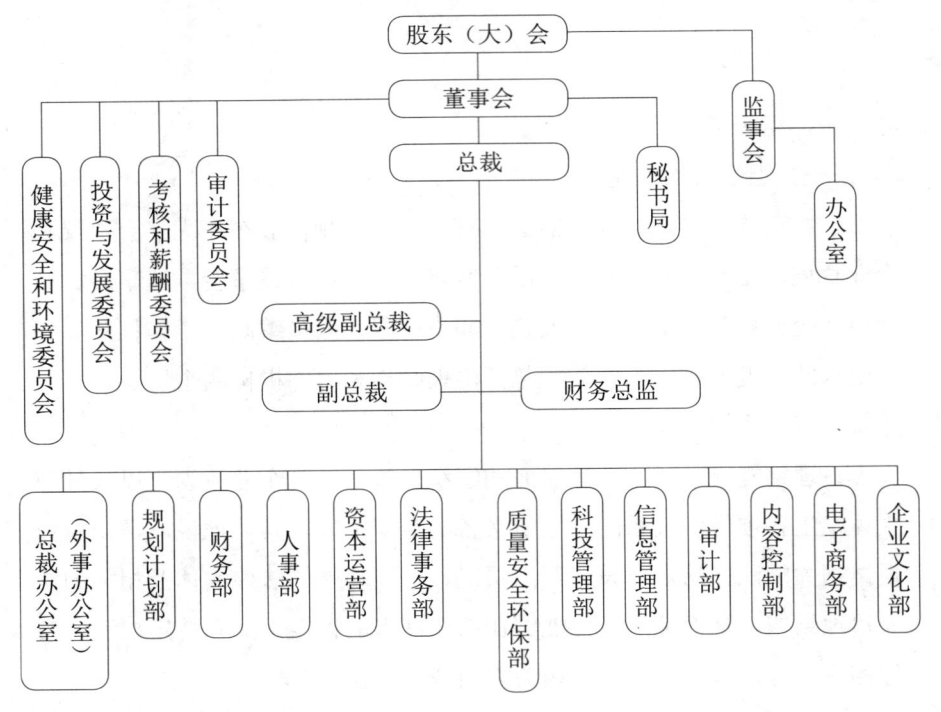

图2-1 中国石油天然气股份有限公司治理结构图

公司治理结构可以区分为狭义和广义两个方面。

狭义公司治理结构解决所有者对经营者的监督与制衡问题，主要是指内部治理结构。公司内部治理结构是指公司的所有者与经营者和员工之间建立的权力与利益的分配与制衡的关系及规制决策的体系。

广义公司治理结构是指用来协调公司所有的权益主体之间的制衡关系的体系。因此，它包括内部治理结构与外部治理结构。外部治理结构是指公司与其外部各权益主体之间权益制衡关系的体系。

2. 内部机构

内部机构则是企业内部分别设置不同层次的管理人员及由各专业人员组成的管理团队,针对各项业务功能行使决策、计划、执行、监督、评价的权利并承担相应的义务,是为了保证业务顺利开展的支撑平台。

现代企业的组织结构一般包括四种基本形式,即 U 型结构、M 型结构、H 型结构和矩阵型结构。

(1) U 型结构(直线职能制)。

U 型结构是一种中央集权式的组织结构。它同时设置纵向的领导指挥机构和横向的参谋咨询机构。其优点是领导集中、职责清楚、秩序井然、工作效率较高,整个组织有较高的稳定性。缺点是上下级部门的主动性和积极性的发挥受到限制;部门间条块分割,互通情报少,不能集思广益地做出决策;当职能参谋部门和直线部门之间目标不一致时,容易产生矛盾,致使上层主管的协调工作量增大;整个组织系统的适应性较差,因循守旧,对新情况不能及时地做出反应。

对于只生产一种或少数几种产品的中小型企业而言,直线职能制组织结构是一种最佳模式,但对于规模较大、决策时需要考虑较多因素的组织,则不太适用。

(2) M 型结构(区域事业部制)。

M 型结构是一种分权与集权相结合的组织结构。企业按产品、客户、地区等来设立事业部,每一个事业部都是一个有相当自主权的利润中心,独立地进行日常经营决策,各事业部都相当于一个 U 型企业。

在纵向关系上,按照"集中决策,分散经营"的原则,处理企业高层领导与事业部之间的关系。实行事业部制,企业最高领导层可以摆脱日常的行政事务,集中力量研究和制定企业发展的各种经营战略和经营方针,而把最大限度的管理权限下放到各事业部,使他们能够依据企业的政策和制度,自主经营,充分发挥各自的积极性和主动性。在横向关系方面,各事业部作为利润中心,实行独立核算。各事业部间的经济往来遵循等价交换原则，结成商品货币关系。

(3) H型结构（控股公司制）。

控股公司制组织结构简称H型组织结构，是指在公司总部下设立若干个子公司，公司总部作为母公司对子公司进行控股，承担有限责任。母公司对子公司既可以通过控股性股权进行直接管理，又可以通过子公司董事会来进行控制。

H型结构的管理运作主要是依据资产纽带，且被控股公司又具有法人资格，结构过分松散，这使得控股公司总部往往难以有效控制各子公司，控股公司的战略计划难以实现与贯彻；过度分权导致管理效率的下降，增加了控股公司的管理成本；子公司难以充分利用控股公司总部的参谋人员；控股公司的投资协调比较困难。

(4) 矩阵型结构。

矩阵型结构是按职能划分部门和按任务特点（产品和项目）划分小组相结合所产生的矩阵型组织结构形式。当环境一方面要求专业技术知识，另一方面又要求每个产品线能快速作出变化时，就可以应用矩阵型结构。如前所述，直线职能制结构强调纵向的信息沟通，而区域事业部制结构强调横向的信息流动，矩阵型就是将这两种信息流动在企业内部同时实现。

矩阵型结构不是一种常设型组织结构模式，这种组织结构适合在需要对环境变化作出迅速而一致反应的企业中使用。

企业组织结构作为对企业管理进行的组织设计，是随着经济的发展和科学技术的进步而不断演变的。近年来，由于知识经济的兴起和信息革命的推动，各种企业组织创新的形式不断涌现，企业组织结构变革趋势主要表现在以下几个方面：组织结构扁平化、组织结构网络化、组织的无边界化、组织结构分立化、组织结构柔性化等。

3. 治理结构与内部机构的关系

治理结构与内部机构之间既有联系又有区别：一方面，两者相互协调，相互配合，互为补充，共同为实现企业内部控制目标服务。如果董事、监事、高级管理人员失职或舞弊，再完善的内部控制系统，再科学的内部机构设置，都将形同虚设，失去预期的效能，而科学的内部机构则为公司治理层的各项决策和计划的执行提供了操作平台。另一方面，两者在实现内部控制目标方面的侧重点有所区别。治理结构主要服务于促进企业实现发展战略，保证经营合法合规，而内部机构则主要服务于另外三类控制目标，即保证企业资产安全、保证财务报告及相关信息真实完整、提高经营效率和效果。

（二）组织架构的设计

1. 组织架构设计原则

企业在设计组织架构时，必须考虑内部控制的要求，合理确定治理层、管理层及内部各部门之间的权力和责任并建立恰当的报告关系。具体而言，至少应当遵循以下原则。

（1）符合法律、法规要求。治理结构的设计必须遵循我国法律、法规的要求，严格规范出资者（主要指股东）、董事会、监事会、经理层的权利和义务，及其相关的聘任条件和议事程序等，合理解决企业各方利益分配问题。

（2）符合发展战略要求。通常情况下，企业发展目标是多重的，且在一段时期保持相对稳定。无论企业的发展目标如何，都必须通过自身组织架构的合理设计和有效运作予以实现和保证。

（3）符合管理控制要求。组织架构的设计应当考虑各层级之间可以相互监督、相互制约。为达到恰当的控制效果，在组织架构设计时必须找出各种限制组织层级和管理跨度的因素，主要包括：员工的经验与受训程度；工作任务的相似性和复杂性；工作地点的空间距离；使用标准化管理的程度；企业信息系统管理的先进程度；企业文化的凝聚力及管理层的管理风格等。

（4）符合内外环境要求。组织架构设计应当与企业的市场环境、行业特征、经营规模等相适应。此外，企业还应当根据内外部环境的不断变化，迅速做出反应，及时进行组织架构的优化调整。

2. 治理结构主要风险点分析

组织架构设计中的主要风险，仍然从治理结构和内部机构两个角度进行分析。

从治理结构层面看，主要风险在于：治理结构形同虚设，缺乏科学决策、良性运行机制和执行力，可能导致企业经营失败，难以实现发展战略。具体而言，组织架构设计中的风险点主要存在以下十种情况。

（1）股东（大）会是否规范而有效地召开，股东是否可以通过股东（大）会行使自己的权力。

（2）企业与控股股东是否在资产、财务、人员方面实现相互独立，企业与控股股东的关联交易是否贯彻平等、公开、自愿的原则。

（3）对与控股股东相关的信息是否根据规定及时完整地披露。

（4）企业是否对中小股东权益采取了必要的保护措施，使中小股东能够和大股东同等条件参加股东（大）会，获得与大股东一致的信息，并行使相应的权力。

（5）董事会是否独立于经理层和大股东，董事会及其审计委员会中是否有适当数量的独立董事存在且能有效发挥作用。

（6）董事对于自身的权利和责任是否有明确的认知，并且有足够的知识、经验和时间来勤勉、诚信、尽责地履行职责。

（7）董事会是否能够保证企业建立并实施有效的内部控制，审批企业发展战略和重大决策并定期检查、评价其执行情况，明确设立企业可接受的风险承受度，并督促经理层对内部控制有效性进行监督和评价。

（8）监事会的构成是否能够保证其独立性，监事能力是否与相关领域相匹配。

（9）监事会是否能够规范而有效地运行，监督董事会、经理层正确地履行职责并纠正损害企业利益的行为。

（10）对经理层的权力是否存在必要的监督和约束机制。

3. 治理结构的设计

治理结构包括股东（大）会、董事会、监事会和经理层。企业应当根据国家有关法律、法规的规定，按照决策机构、执行机构和监督机构相互独立、权责明确、相互制衡的原则，明确董事会、监事会和经理层的职责权限、任职条件、议事规则和工作程序等。

（1）上市公司治理结构设计。

上市公司是公众公司，具有重大的公众利益，因而必须对投资者和社会公众负责。上市公司治理结构的设计，应当充分反映"公众性"特点。具体而言，上市公司治理结构设计应重点关注以下三个方面。

第一，设立独立董事制度。

上市公司董事会应当设立独立董事。独立董事不得在上市公司担任除独立董事外的其他任何职务。独立董事对上市公司及全体股东负有诚信与勤勉等义务。

第二，设置董事会专业委员会。

上市公司董事会应当根据治理需要，按照股东（大）会的有关决议设立战略决策、审计、提名、薪酬与考核等专业委员会。其中，战略决策委员会主要负责制定公司长期发展战略，监督、核实公司重大投资决策等；提名委员会主要负责拟订公司董事和高级管理人员的选拔标准和程序，搜寻人选，进行选择并提出建议；审计委员会主要负责审查公司内控制度及重大关联交易，审核公司财务信息及其披露，负责内、外部审计的沟通、监督和核查工作；薪酬与考核委员会主要负责制定公司董事及经理人员的考核标准并进行考核，负责制定、审查公司董事及经理人员的薪酬政策与方案，其质量是公司战略成功的重要决定因素。其中，审计委员会、薪酬与考核委员会中独立董事应当占多数并担任负责人，审计委员会中至少还应有一名独立董事是会计专业人士。

董事会专业委员会中的审计委员会，对内部控制的建立健全和有效实施发挥着尤其重要的作用。审计委员会对经理层提供的财务报告和内部控制评价报告进行监督。审计委员会成员应当具备独立性、专业性、道德性。

第三，设立董事会秘书。

董事会秘书为上市公司的高级管理人员，直接对董事会负责，并由董事长提名，董事会负责任免。

董事会秘书是一个重要的角色，负责上市公司股东（大）会和董事会会议的筹备、文件保管及公司股东资料的管理，办理信息披露事务等事宜。

（2）国有独资企业治理结构设计。

国有独资企业是比较独特的企业群体，也是我国国民经济的骨干力量，其治理结构设计应充分反映其特色。国有独资企业治理结构设计应反映以下特点：

第一，国有资产监督管理机构代行股东（大）会职权。国有独资企业不设股东（大）会，由国有资产监督管理机构行使股东（大）会职权。国有独资企业董事会可以根据授权部分行使股东（大）会的职权，决定公司的重大事项，但公司的合并、分立、解散、增加或者减少注册资本和发行公司债券，必须由国有资产监督管理机构决定。

第二，国有独资企业董事会成员中应当包括公司职工代表，董事会成员由国有资产监督管理机构委派。但是，董事会成员中的职工代表由公司职工代表大会选举产生。国有独资企业董事长、副董事长由国有资产监督管理机构从董事会成员中指定产生。

第三，国有独资企业监事会成员由国有资产监督管理机构委派，但是监事会成员中的职工代表由公司职工代表大会选举产生。监事会主席由国有资产监督管理机构从监事会成员中指定产生。

4. 内部机构的设计

内部机构的设计是组织架构设计的关键环节。内部机构的设计应满足以下三个要求：

（1）企业应当按照科学、精简、高效、透明、制衡的原则，明确各机构的职责权限，避免职能交叉、缺失或权责过于集中，形成各司其职、各负其责、相互制约、相互协调的工作机制。

（2）企业应当对各机构的职能进行科学合理的分解，确定具体岗位的名称、职责和工作要求等，明确各个岗位的权限和相互关系。尤其应当体现不相容岗位相分离原则，努力识别出不相容职务。

岗位职责是对某一工作部门或个人的工作任务、责任与权限所作的统一规定。企业应当对岗位职责进行描述，包括工作名称、工作职责、任职条件、工作所要求的技能、工作对个性的要求。描述的对象是工作本身，而与从事这项工作的人无关。这样做的目的是便于员工理解职位所要求的能力、工作职责、衡量的标准，让员工有一个可遵循的原则。

（3）企业应当制定组织结构图、业务流程图、岗（职）位说明书和权限指引等内部管理制度或相关文件，使员工了解和掌握组织架构设计及权责分配情况，正确履行职责。值得特别指出的是，就内部机构设计而言，建立权限指引和授权机制非常重要。有了权限指引，不同层级的员工就知道该如何行使权力并承担相应责任，也利于事后考核评价，"授权"表明的是，企业各项决策和业务必须由具备适当权限的人员办理，这一权限通过公司章程约定或其他适当方式授予。

企业内部各级员工必须获得相应的授权，才能实施决策或执行业务，严禁越权办理。按照授权对象和形式的不同，授权分为常规授权和特别授权。常规授权一般针对企业日常经营管理过程中发生的程序性和重复性工作，可以在由企业正式颁布的岗（职）位说明书中予以明确，或通过制定专门的权限指引予以明确。特别授权一般是由董事会给经理层或经理层给内部机构及其员工授予处理某一突发事件（如法律纠纷）、做出某项重大决策、代替上级处理日常工作的临时性权力。

（三）组织架构的运行

1. 企业治理结构的运行

企业应当根据组织架构的设计规范，对现有治理结构和内部机构设置进行全面梳理，确保本企业治理结构、内部机构设置和运行机制等符合现代企业制度要求。

企业梳理治理结构，应当重点关注董事、监事、经理及其他高级管理人员的任职资格和履职情况，以及董事会、监事会和经理层的运行效果。治理结构存在问题的，应当采取有效措施加以改进。

【案例】

我们需要一场公司治理革命

在国美电器的案例上，相当一部分股东的利益与国美电器的公司利益毫无瓜葛。对于上述的这些股东而言，国美电器是实现他们利益的工具，无论他们的收益是来自差价、利益输送还是其他。

无论最终谁在改组董事会的动议中获胜，国美电器的纷争，已经严重地伤害了这家企业。需要注意到，对于管理层这群人而言，国美电器的发展是他们安身立命之本。国美电器的发展状况决定他们的收入水平和社会地位。从这个意义上说，我们更同情当下国美的管理层。

所以，以不忠人之事，来批判以陈晓为代表的这群人是毫无道理的。董事，即使是代表大股东的董事，他也不是傀儡，他是有独立人格的法律主体，有其自身的行为规范、道德规范和准则。管理层亦是如此，以国美公司的利益对抗股东利益，这样的举动是有道德根据的。

国美电器临时股东（大）会投票在即，有关重组国美董事会的提议将在这个会议上供股东决断。但是，所有管理层的诉求在何处得到表达呢？

在当下的公司治理架构中，以财产权利为基础的延展下，公司控制最终都落到了所有者控制这一框架之下。对于一家私人公司而言，这样的架构是合理、有效且理由充分的。但是，对于一家大型公众公司而言，大家意识到了这样的控制架构的局限性,但并没有一个机制,来保障关键利益相关人的利益。

比如,大型公众公司往往历史较长,很多人的大半生的价值和精力,都投入了这样的机构。当下的公司治理框架下,又如何反映这些人的诉求?

再比如,在当下的公众公司的治理框架下,股东只在意股价的波动和变化。因法律赋予的这群人权力之大,很多公司采取了以市值为目标的治理。在极端情况下,当公司处于困境的时候,公司以裁员来保障股东的利益。股东承担了有限责任,公司的职员却要以失业为代价为公司承担责任。难道这样的举措就是合理的?

表面上,我们从国美电器的纠纷中看到了一群人在现代公司治理架构下进行的一场公开的博弈,同时也看到了,国美电器更多的利益相关人,没有一个表达其诉求的出口。他们是沉默的大多数,或许,基于这群人的利益,我们正需要一场公司治理的革命。

企业应当梳理内部机构设置,重点关注内部机构设置的合理性和运行的高效性等。内部机构设置和运行中存在职能交叉、缺失或运行效率低下的,应当及时解决。

2. 对子公司的管控

企业拥有子公司的,应当建立科学的投资管控制度,通过合法有效的形式履行出资人职责、维护出资人权益,重点关注子公司特别是异地、境外子公司的发展战略、年度财务预决算、重大投融资、重大担保、大额资金使用、主要资产处置、重要人事任免、内部控制体系建设等重要事项。

另外,企业应当定期对组织架构设计与运行的效率和效果进行全面评估,发现组织架构设计与运行中存在缺陷的,应当进行优化调整。需要注意的是,企业组织架构调整应当充分听取董事、监事、高级管理人员和其他员工的意见,按照规定的权限和程序进行决策审批。

二、发展战略

(一) 发展战略概述

根据《企业内部控制应用指引第 2 号 —— 发展战略》，发展战略是企业在对现实状况和未来趋势进行综合分析和科学预测的基础上，制定并实施的中长期发展目标与战略规划。战略的失败是企业最彻底的失败，它甚至会导致企业的消亡。

1. 发展战略的意义

企业制定科学合理的发展战略，具有重要意义。

(1) 发展战略可以为企业找准市场定位。市场定位就是要在激烈的市场竞争环境中找准位置。定位准了，才能赢得市场，才能获得竞争优势，才能不断发展壮大。发展战略要着力解决的正是企业发展过程中所面临的这些全局性、长期性的问题。

(2) 发展战略是企业执行层的行动指南。发展战略指明了企业的发展方向、目标与实施路径，描绘了企业未来经营方向和目标纲领，是企业发展的蓝图，关系着企业的长远生存与发展。

(3) 发展战略也是内部控制的最高目标。企业内部控制的系列目标中，促进发展战略的实现是内部控制最高层次的目标。发展战略为企业内部控制指明了方向，内部控制为企业实现发展战略提供了坚实保障。

2. 企业制定与实施发展战略存在的风险

企业制定与实施发展战略至少应当关注下列风险：

(1) 缺乏明确的发展战略或发展战略实施不到位，可能导致企业盲目发展，难以形成竞争优势，丧失发展机遇和动力。

(2) 发展战略过于激进，脱离企业实际能力或偏离主业，可能导致企业过度扩张，甚至经营失败。

(3) 发展战略因主观原因频繁变动，可能导致资源浪费，甚至会危及企业的生存和持续发展。

（二）发展战略的制定

1. 建立和健全发展战略制定机构

企业要在人力资源配置、组织机构设置等方面为发展战略提供必要的保证。一般而言，企业可以通过设立战略委员会，或指定相关机构负责发展战略管理工作，履行相应职责。

战略委员会的主要职责是对公司的长期发展规划、经营目标、发展方针进行研究并提出建议，对公司所涉及的产品战略、市场战略、营销战略、研发战略、人才战略等经营战略进行研究并提出建议，对公司重大战略性投资、融资方案进行研究并提出建议，对公司重大资本运作、资产经营项目进行研究并提出建议等。

战略委员会对董事会负责，委员包括董事长和其他董事，委员应当具有较强的综合素质和实践经验。战略委员会主席应当由董事长担任。

2. 分析评价影响发展战略的因素

（1）影响企业发展战略的因素。

影响企业发展战略的因素主要包括以下方面：

第一，企业经营环境变化的风险。企业外部环境发生了很大变化，顾客、市场、竞争规则、竞争性质都逐渐变得激烈复杂。一般来讲，企业外部环境主要有三个变化：一是顾客在变化，现在随着生活水平的提高，经济的发展，顾客对企业产品的要求越来越高；二是竞争在变化，即竞争频率在加快，竞争的规则在改变；三是变化本身在变化，即变化的内容在变化，变化的周期在缩短，变化的突然性在增强。

第二，科学技术发展的风险。科学技术的飞速发展及电子商务的出现，使得市场营销的某些原理受到严峻挑战。伊拉克战争展示了新的世界军事格局，现代的竞争已经从机械化的时代转向数字化、信息化的时代。制信息权、制空权、精准打击、光电隐形、超级武器、新概念武器等成为军事科学技术竞争的焦点。科学技术发展如此快速，企业制定战略的风险就大大提高了。

第三，走向国际化的风险。企业走向国际化，更需要有战略的指导，更需要注意战略的风险。

第四，企业内部发展的风险。企业外部环境发生很大变化，企业的战略也应该进行调整，因为大部分企业的战略是在过去比较老的观念下制定的，企业必须建立新的观念。新的观念必须符合当前世界经济一体化、全球信息化的形势，这样才会有新的思路，才会有新的战略，才会给企业带来比较好的效益。

第五，资本运营的风险。资本运营的风险加大，使得企业的兼并、收购、控股、参股等资本扩张需要有好的战略，否则会把自己拖垮。

以上是对影响企业发展战略的因素分析，但在这5个影响因素当中，企业经营环境变化的风险和企业内部发展的风险是关键因素，所以只有对企业所处的外部环境和拥有的内部资源展开深度分析才能制定出科学合理的发展战略。

（2）外部环境分析。

外部环境分析包括对企业所处的宏观环境分析、行业环境分析及竞争对手、经营环境等的分析。

第一，宏观环境分析。宏观环境分析一般通过政治和法律环境、经济环境、社会和文化环境、技术环境等因素分析企业所面临的状况。

第二，行业环境及竞争对手分析。行业环境分析最常用的工具是五力分析模型，用以确定企业在行业中的竞争优势和行业可能达到的最终资本回报率。

第三，经营环境分析。经营环境分析侧重于对市场及竞争地位、消费者消费状况、融资者、劳动力市场状况等因素的分析。

（3）内部资源的分析。

第一，企业资源分析。企业资源分析是对企业现有资源的数量和利用效率，以及资源的应变能力等方面的分析，以便明确形成企业核心能力和竞争优势的战略性资源。

第二，企业能力分析。企业能力是企业有形资源、无形资源和组织资源等各种资源有机组合的结果，主要包括研发能力分析、生产能力分析、营销能力分析、财务能力分析、组织管理能力分析等。

第三，核心竞争力分析。核心竞争力是指能为企业带来相对于竞争对手存在竞争优势的资源和能力。并不是所有的资源都能形成核心竞争力，能够有助于企业构建核心竞争力的资源主要包括稀缺资源、不可模仿的资源、不可替代的资源、持久的资源等。

3. 制定科学的发展战略

发展战略可以分为发展目标和战略规划两个层次。发展目标是企业发展战略的核心和基本内容，表明企业在未来一段时期内所要努力的方向和所要达到的水平。战略规划是为了实现发展目标而制定的具体规划，表明企业在每个发展阶段的具体目标、工作任务和实施路径是什么。

（1）制定发展目标。

企业发展目标是指导企业生产经营活动的准绳。在制定企业发展目标过程中，应当重点关注以下主要内容：

第一，发展目标应当突出主业。在编制发展目标时应突出主业，只有集中精力做强主业，才能增强企业核心竞争力，才能在行业发展、产业发展中发挥引领和带头作用。第二，发展目标不能过于激进，不能盲目追逐市场热点，不能脱离企业实际。第三，发展目标不能过于保守，否则会丧失发展机遇和动力。第四，发展目标应当组织多方面的专家和有关人员进行研究论证。

（2）编制战略规划。

发展目标确定后，就要考虑使用何种手段、采取何种措施、运用何种方法来达到目标，即编制战略规划。战略规划应当明确企业发展的阶段和发展程度，制定每个发展阶段的具体目标和工作任务及达到发展目标必经的实施路径等。

(3) 严格审议和批准发展战略。

发展战略拟订后,应当按照规定的权限和程序对发展战略方案进行审议和批准。审议战略委员会提交的发展战略建议方案,是董事会的重要职责。在审议过程中,董事会应着力关注发展战略的全局性、长期性和可行性,具体包括:第一,发展战略是否符合国家行业发展规划和产业政策;第二,发展战略是否符合国家经济结构战略性调整方向;第三,发展战略是否突出主业,有助于提升企业核心竞争力;第四,发展战略是否具有可操作性;第五,发展战略是否客观全面地对未来商业机会和风险进行分析预测;第六,发展战略是否有相应的人力、财务、信息等资源保障等。董事会在审议中如果发现发展战略方案存在重大缺陷问题,应当责成战略委员会对建议方案进行调整。

企业发展战略方案经董事会审议通过后,应当报经股东(大)会批准后付诸实施。

【案例】

中国平安正式宣布战略控股汽车之家

中国平安长期关注汽车之家的发展,于10个多月前经汽车之家管理层介绍,开始与澳大利亚电信及汽车之家管理层多次接洽。中国平安表示,这一交易完成后,中国平安将与汽车之家结成合作伙伴,为汽车之家未来更远大的发展而共同努力。

经过11年发展,汽车之家已经是全球访问量领先的汽车网站,是中国互联网垂直领域的佼佼者。此次投资汽车之家的是平安信托旗下管理的科技创新投资基金,以16亿美元收购汽车之家47.4%的股权,这显示平安将把汽车之家作为长期战略投资对象。

(三)发展战略的实施

科学制定发展战略是一个复杂的过程,实施发展战略更是一个系统工程。企业只有重视和加强发展战略的实施,在所有相关目标领域全力推进,才有可能将发展战略描绘的蓝图转变为现实。为此,企业应当加强对发展战略实施的统一领导，制订详细的年度工作计划，通过编制全面预算，将年度目标进行分解、落实，确保企业发展目标的实现。此外，还要加强对发展战略的宣传培训，通过组织结构调整、人员安排、薪酬调整、财务安排、管理变革等配套措施，保证发展战略的顺利实施。

1. 发展战略实施的领导

要确保发展战略有效实施，加强组织领导是关键。企业经理层作为发展战略制定的直接参与者，往往比一般员工掌握更多的战略信息，对企业发展目标、战略规划和战略实施路径的理解和体会也更加全面深刻，应当担当发展战略实施的领导者。依据"统一领导、统一指挥"的原则，发挥企业经理层在资源分配、内部机构优化、企业文化培育、信息沟通、考核激励相关制度建设等方面的协调、平衡和决策作用，确保发展战略的有效实施。

2. 发展战略的分解落实

发展战略制定后，企业经理层应着手将发展战略逐步细化。（1）要根据战略规划，制订年度工作计划。（2）要按照上下结合、分级编制、逐级汇总的原则编制全面预算，将发展目标分解并落实到产销水平、资产负债规模、收入及利润增长幅度、投资回报、风险管控、技术创新、品牌建设、人力资源建设、制度建设、企业文化、社会责任等可操作层面，确保发展战略能够真正有效地指导企业各项生产经营管理活动。（3）要进一步将年度预算细分为季度、月度预算，通过实施分期预算控制，促进年度预算目标的实现。（4）要通过建立发展战略实施的激励约束机制，将各责任单位年度预算目标完成情况纳入绩效考评体系，切实做到有奖有惩、奖惩分明，以促进发展战略的有效实施。

3. 发展战略的宣传培训

企业应当重视发展战略的宣传培训工作，为推进发展战略实施提供强有力的思想支撑和行为导向。在企业董事、监事和高级管理人员中树立战略意识和战略思维，充分发挥其在战略制定与实施过程中的模范带头作用；通过采取内部会议、培训、讲座、知识竞赛等多种行之有效的方式，把发展战略及其分解落实情况传递到内部各管理层级和全体员工中，营造战略宣传的强大舆论氛围；企业高管层要加强与广大员工的沟通，使全体员工充分认清企业的发展思路、战略目标和具体举措，自觉将发展战略与自己的具体工作结合起来，促进发展战略的有效实施。

4. 发展战略的执行

战略实施过程是一个系统的有机整体，目前复杂动态的市场环境和激烈的市场竞争，对企业内部不同部门之间的这种协同运作提出了越来越高的要求。为此，企业应当培育与发展战略相匹配的企业文化，优化调整组织结构，整合内外部资源，相应调整管理方式。

5. 发展战略的调整

公司战略委员会应当加强对发展战略实施情况的监控，定期收集和分析相关信息，对于明显偏离发展战略的情况，应当及时报告。

对由于经济形势、产业政策、技术进步、行业状况及不可抗力等因素发生重大变化，确需对发展战略作出调整的，应当按照规定权限和程序调整发展战略。

三、人力资源

（一）人力资源制度概述

1. 人力资源的定义

根据《企业内部控制应用指引第 3 号——人力资源》的定义，人力资源是指企业组织生产经营活动而录（任）用的各种人员，包括董事、监事、高级管理人员和一般员工，其本质是企业组织中各种人员所具有的脑力和体力的总和。

人力资源的作用有以下方面：

第一，良好的人力资源管理制度和机制是增强企业活力的内在源泉。

第二，良好的人力资源管理制度和机制是提升企业核心竞争力的重要基础。"百年老店"经久不衰的根本原因大多在于良好的人力资源政策。

第三，良好的人力资源管理制度和机制是实现企业发展战略的根本动力。企业发展战略决定了人力资源政策；反过来，良好的人力资源政策又对企业发展战略具有积极的促进作用。

2. 人力资源的组成

（1）高管人员

高管人员包括决策层和执行层。企业董事会成员和董事长构成企业的决策层，是决定企业发展战略的关键管理人员。决策层团队应具有战略眼光，具备国内、国际形势和宏观政策的分析判断能力，对同行业、本企业的优势具有很强的认知度。执行层通常又被称为经理层，应当树立"执行力"这一重要理念。

（2）专业技术人员

核心技术是企业赖以生存与发展的关键所在。专业技术人员是企业核心技术的创造者和维护者。

（3）一般员工

一般员工是企业人力资源的主体。

3. 人力资源管理的主要风险

人力资源管理一般包括引进、开发、使用和退出四个方面。企业在人力资源管理的过程中至少应当关注下列风险：

（1）人力资源缺乏或过剩、结构不合理、开发机制不健全，可能导致企业发展战略难以实现。

（2）人力资源激励约束制度不合理、关键岗位人员管理不完善，可能导致人才流失、经营效率低下或关键技术、商业秘密和国家机密泄露。

（3）人力资源退出机制不当，可能导致法律诉讼或企业声誉受损。

（二）人力资源控制制度设计

1. 高管人员的引进和开发控制制度设计

（1）在高管人员的准入方面。

第一，企业要拟订高管人员引进计划，并提交董事会；第二，对拟任人员要进行任前考察，对其价值观、战略思维、企业家精神、综合素质和能力进行全局性评估，判断其创新、决策、管理和承担风险的能力；第三，董事会要对高管人员的引进进行审议，关注高管人员的引进是否符合企业发展战略，是否符合企业当前和长远需要，是否有明确的岗位设定和能力要求，是否设定了公平、公正、公开的引进方式；第四，推行任前公示制度，广泛听取意见。

（2）在高管人员的任用方面：

第一，实行高管人员任职试用期制度；第二，实行高管人员任职亲属回避制度；第三，实行高管人员系统培训制度。企业对高管人员的开发要注重激励和约束相结合，创造良好的创业干事环境，让高管人员的聪明才智充分显现，真正成为企业的核心领导者。

2. 高管人员的使用与退出制度设计

企业高级管理人员会产生道德风险，除了因为人性本身有弱点外，还有企业制度本身存在的缺陷。对企业高级管理人员缺乏有效的激励与约束，使得他们能有机会利用手中掌握的权力，谋求个人利益，做出危害企业的事情。

在个人要素方面，主要防范的是高级管理人员的道德风险和能力风险。例如从心理素质、知识水平、个人能力、身体素质等方面入手，探寻高级管理人员是否具备领导企业的能力和素质、是否会因为个人知识、能力问题引发人事风险。

在制度要素方面，主要考察企业制度方面的缺陷，评估企业在产权制度、治理结构、组织结构、管理制度等方面是否科学，是否能够有效地调动企业高级管理者的工作热情，有效监督约束他们的行为，避免因缺乏有效激励和监督约束而导致高级管理人员心态失衡，有机可乘，产生风险。

企业对高管人员的管控，还可通过实施人力资源管理审计、离任审计、经济责任审计等来实现。

人力资源管理审计是企业预防和控制高管人员使用风险和退出风险的最有效机制之一。人力资源管理审计的主要内容包括：（1）检查和评价与人力资源管理有关的内部控制制度的适当性与有效性；（2）利用会计指标和非会计指标判断人力资源管理信息的可靠性和有效性；（3）对企业人力资源管理者的责任审计，包括企业负责人任期内的人力资源资产的增减变动情况，任期内人力资源资产有关增长指标的完成情况，人力资源资产的利用情况等；（4）人力资源管理效益审计。

另外，企业高管人员（尤其是第一责任人）离职前，应当根据有关法律、法规的规定进行工作交接或离任审计。

3. 技术人员的引进和开发控制制度设计

该阶段的控制措施主要有：树立尊重知识、尊重人才的企业文化；建立合理的人才团队，形成人才队伍梯队；建立良好的专业人才激励约束机制等。

4. 技术人员的使用与退出制度设计

对于掌握或涉及产品技术、市场、管理等方面关键技术、知识产权、商业秘密或国家机密的工作岗位上的员工，企业要按照国家有关法律、法规并结合企业实际情况，建立健全相关规章制度，加强日常管理，并与退出的技术人员约定相关保密责任和竞业限制期限，防止其泄露企业的核心技术、商业秘密和国家机密等。

5. 一般员工的引进和开发控制制度设计

一般人员的流动性大，招聘的一般人员数量较多，所处岗位的物质待遇相对较低。因此在企业内部要弘扬和确立尊重知识、尊重人才的文化氛围；重视岗位练兵和现场管理工作，鼓励基层员工钻研业务，开展现场管理和挖潜活动，树立"工人专家"的典型；客观开展岗位评价工作，更重要的是，打通不同级别岗位之间的晋升通道，在员工和岗位之间形成科学有序的良性流动机制。

6. 一般员工的使用与退出制度设计

对于一般员工，首先，要建立符合企业发展战略的薪酬制度与激励制度，激发劳动者的工作积极性。其次，要建立科学合理的人才晋升机制，对于具备足够忠诚度和业务能力的员工，向其提供走向管理层的机会。一般员工退出企业时，企业要向其支付与其劳动价值匹配的薪酬，尤其是对于需要辞退的员工，还要给予充分的理由，避免不必要的法律诉讼风险。

【案例】

控制有余，沟通不足

2010年让富士康受万人瞩目，不是因为它骄人的业绩，而是因为富士康员工接二连三的跳楼事件。究竟是什么原因导致一系列悲剧的发生呢？在富士康，底层的员工工作单一，每天长时间重复一项劳动，实行军事化管理，没有与人交流的机会。而富士康的保安基本上均是退伍军人，保安负责保护公司的财产和技术机密，这赋予了保安相当大的权力，这也导致了屡次保安打人事件的发生。在薪酬方面，员工的工作压力与得到的报酬不成正比。富士康还被爆料称逃避缴纳员工公积金。

本案例中，富士康失败的人力资源政策导致了一系列悲剧的发生，给公司带来了巨大的损失，特别是公司声誉方面。富士康案例给我们的启示是：

1. 企业应制定与公司发展战略相应的人力资源发展规划。富士康的管理模式是典型的重视伙伴，不重视伙计。一个良好的企业应该制定良好的人力资源发展规划，将全部员工视为一个整体，否则任何一部分出问题都会给企业带来巨大的损失。

2. 企业应当重视人力资源的开发工作。一个有良好声誉和发展前景的公司，在建立员工培训长效机制、尊重人才和关心员工职业发展方面往往有突出的表现。富士康对底层员工的"不重视"（认为其替代性强），易造成员工没有归属感，也会造成员工的高流动性，增加了公司每年的招聘成本。

3. 应重视领导与员工、员工与员工之间的沟通。富士康实行的是军事化的管理，底层员工的不满不能及时传达给上级，而且同一宿舍内的人员往往是来自不同部门，他们之间缺乏共同语言，缺少一个联系的纽带，这就会使员工的压力无法得到排解。公司应该完善上下级和员工间的沟通机制，及时传达问题并及时处理。

四、社会责任
（一）社会责任制度概述

近年来，企业社会责任越来越成为社会关注的焦点。修订后的《中华人民共和国公司法》也首次将"公司承担社会责任"写入法律条文中。2007年12月，国资委发布《关于中央企业履行社会责任的指导意见》，建议并要求有条件的企业要定期发布社会责任报告。同时，沪深两地交易所同时鼓励上市公司在2008年年报中主动向社会提供企业社会责任报告。深交所要求深证100指数企业必须对外披露社会责任报告。

1. 企业社会责任的定义

根据《企业内部控制应用指引第4号——社会责任》的规定，企业社会责任，是指企业在经营发展过程中应当履行的社会职责和义务，主要包括安全生产、产品质量（含服务）、环境保护、资源节约、促进就业、员工权益保护等。

之所以单独制定了社会责任指引，主要是从实现企业与社会协调发展的要求出发，旨在促进企业在创造利润、对股东利益负责的同时，不要忘记对员工、对消费者、对社会和环境的社会责任，包括遵守商业道德、生产安全、职业健康、保护劳动者的合法权益、保护环境、支持慈善事业、捐助社会公益、保护弱势群体等方面。

2. 企业履行社会责任的意义

企业履行社会责任有很多积极意义。

（1）企业是在价值创造过程中履行社会责任，通过价值创造，以税收、红利、工资和产品等形式为国家、股东、员工及消费者提供财富，其本质就是在履行社会责任。

（2）履行社会责任可以提高企业的经济效益

企业承担社会责任，并不必然导致企业竞争力的削弱，反而会有助于改善企业形象、吸引更多的客户及强化企业的经济效益。可见，企业将履行社会责任融入产品之中会为企业带来额外的收益。

（3）履行社会责任可以实现企业的可持续发展

社会责任的履行可以帮助企业规避监管等风险，赢得品牌和声誉，赢得公信力和商机，得到社会尊敬的企业才能进入良性发展的轨道，实现企业价值最大化目标，这也是实现可持续、长远发展的根本所在。

3. 企业履行社会责任应关注的主要风险

企业至少应当关注在履行社会责任方面的下列风险：

（1）安全生产措施不到位，责任不落实，可能导致企业发生安全事故。

（2）产品质量低劣，侵害消费者利益，可能导致企业巨额赔偿、形象受损，甚至破产。

（3）环境保护投入不足，资源耗费大，造成环境污染或资源枯竭，可能导致企业巨额赔偿、缺乏发展后劲，甚至停业。

（4）促进就业和员工权益保护的力度不够，可能导致员工积极性受挫，影响企业发展和社会稳定。

【案例】

　　天津港爆炸案49人获刑瑞海公司董事长被判死缓

　　2015年的8月12日22时52分许，天津东疆保税港区瑞海国际物流有限公司危险品仓库发生火灾爆炸事故，造成 165 人遇难、8 人失踪，灾难举世震惊。2016 年 11 月 7 日至 9 日，"8·12"特别重大火灾爆炸事故所涉 27 件刑事案件一审分别由天津市第二中级人民法院和 9 家基层法院公开开庭审理，并于 9 日对上述案件涉及的被告单位及 24 名直接责任人员和 25 名相关职务犯罪被告人进行了公开宣判。宣判后，各案被告人均表示认罪、悔罪。

法院经审理查明，2015 年 8 月 12 日 22 时 52 分许，位于天津市滨海新区天津港的天津东疆保税港区瑞海国际物流有限公司（以下简称瑞海公司）危险品仓库发生火灾爆炸事故，造成 165 人遇难、8 人失踪，798 人受伤住院治疗，304 幢建筑物、12428 辆商品汽车、7533 个集装箱受损。截至 2015 年 12 月 10 日，事故造成直接经济损失人民币 68.66 亿元。

一家漏洞百出的公司，经过瑞海公司董事长于学伟等人的"包装"最终"层层通关"。法院经审理查明，于学伟等人以贿赂、欺骗等手段非法取得多份临时港口危险化学品经营批复；通过伪造环境影响评价公众参与调查表、提供虚假公示证明材料、低报危险化学品实际仓储面积等欺骗方式通过环境影响评价验收；通过在验收当天暂停作业、更换专家、对专家施加影响等不正当手段通过安全评价验收，最终违法取得《港口经营许可证》和《港口危险货物作业附证》。

"近年来一些安全评价中介机构闭门造车、不到现场，甚至明知有重大安全隐患仍然使用各种'障眼法'，想方设法为被评价机构出具合格的评价报告。这种企业成为某些人违法违规牟利穿上的一层外衣，担当了违法犯罪帮凶的角色。"中国人民大学法学院教授陈卫东说，此次审判也提醒，必须以"零容忍"的态度对这类中介机构严厉追责。

（二）社会责任内部控制制度设计

1. 企业高管人员应给予充分重视

企业高管人员尤其是一把手的支持和承诺是企业社会责任管理体系建设的关键所在，对体系的建立、运行和保持具有十分重要的意义。企业高管人员应当重视履行社会责任,切实做到经济效益与社会效益、短期利益与长远利益、自身发展与社会发展相互协调,实现企业与员工、企业与社会、企业与环境的健康和谐发展。

企业应该积极解决企业负责人无视社会责任的问题,既要在遴选、任命环节严格把关,更应依赖于民主监督、法律制裁将问题消灭于萌芽期。

2. 企业应建立或完善履行社会责任的体制和运行机制

企业要把履行社会责任融入企业发展战略,落实到生产经营的各个环节,明确归属管理部门,建立健全预算安排,逐步建立和完善企业社会责任统计指标和考核体系,为企业履行社会责任提供坚实的基础与保障。

3. 企业应建立责任危机处理机制

近年来,一系列与人民生活息息相关的企业逃避社会责任事件不断被曝光,不少企业相继陷入社会信誉危机。面对危机,有的企业化险为夷,而有的则轰然坍塌。化解危机的关键在于企业有无合理的责任危机处理机制。

【案例】

丰田为何只能得两分?

在此次召回危机发生前,丰田公司对不断增多的消费者投诉采取了"大事化小、小事化了"的态度,在公关问题专家看来,这首先就违反了危机处理的基本原则——"要做最坏的打算"。

印度尼西亚雅加达的一位公关咨询公司专家对媒体说:"人们希望看到这个公司敢于承担责任,对受害者及其家庭表示同情,并有能力解决质量问题。他们还希望看到公司一把手出面。这些原则丰田在刚开始一条也没有做到。"

日本共同公关公司专家说:"丰田章男第一次在名古屋举行的新闻发布会明显准备不足,道歉也让人感觉不够真诚。从宣布召回开始,就不能简单地说'我们要召回了'，应该进一步作出说明，并且由最高管理层出来道歉。"

美国的汽车业网站分析师杰西·托帕克说，如果她给丰田的危机处理从零到十分打分，则丰田刚开始的反应至多只能得两分，他们显得有些傲慢，不愿意承担责任或承认错误，这使得事态进一步恶化。丰田其后的表现有所改善，接受了两次国会听证。丰田章男也在听证会上诚挚地道歉，并承诺把丰田带回到质量第一的原点。

公共关系专家说，这是因为丰田行动得太晚了。由于他们没能在第一时间承认并纠正错误，即使今后广告打得再多，人们也会认为他们不过是见风使舵而已。

评论说，最有效的危机管理是把危机控制在萌芽状态。这需要一种能快速应对潜在危机的企业文化，员工和高管之间应沟通畅通，公司需要有承认自身问题的胆气。而丰田的企业文化阻碍了其危机反应：首先，日本企业多数对质量有种"迷信"，认为任何产品质量不够完美，都是耻辱。结果企业往往不愿意承认质量问题，或干脆采取否认态度。其次，是由于日本企业管理的等级制度，导致各层级间缺乏公开有效的沟通。在基层的初级员工是最容易发现质量问题的，但他们无法将问题迅速反映上去。结果问题越积越多，直至酿成大危机。

企业首先应该建立危机处理责任制度，对于影响企业外部形象和自身发展的突发事件，要在第一时间及时处理，把损失降到最低程度；对于可能对公众信心、消费者选择产生重大影响的事件，应由单位负责人在媒体上予以说明并致歉；企业内部应保持畅通的沟通渠道，将平时的小问题及时反映、沟通并解决，避免形成大问题。

4. 应建立良好的企业社会责任报告制度

发布社会责任报告，是企业履行社会责任的重要组成部分，可使企业由外而内地深入审视企业与社会的互动关系，全面提高企业服务能力和水平，提高企业的品牌形象和价值。

5. 应着力防范安全生产风险

安全生产要求最大限度地减少劳动者由工伤和职业病所带来的风险，保障劳动者在生产过程中的生命安全和身体健康。在我国，由于企业安全生产的意识非常淡薄，众多生产经营单位的生产安全条件差、安全技术装备陈旧落后、安全投入严重不足、企业负责人和从业人员安全执业素质低、安全管理混乱等，我国安全生产事故频发。

企业防范安全生产风险的控制措施有：（1）建立安全规章制度；（2）建立安全生产管理机构；（3）落实安全生产责任制；（4）加大安全生产投入，特别是高危行业中的企业，应当将安全生产投入列为首位；（5）组织开展生产设备的经常性维护管理，及时排除安全隐患，切实做到安全生产；（6）加强安全生产教育；（7）实施岗位资格认证制度；（8）建立安全事故应急预警；（9）建立完善安全生产报告机制。

6. 应有效控制产品质量风险

企业产品质量的优劣，事关消费者的身体健康和安全，保证产品质量是企业履行社会责任的一个重要方面。但企业的逐利行为常常成了企业发展的第一要务，忽视消费者权益的情况时有发生。企业如何忠实地履行对产品质量的承诺，真正尊重与维护消费者的权利，是一家企业最基本的道德准则和最重要的社会责任。

控制产品质量风险的主要措施有：建立健全产品质量标准体系，严格质量控制和检验制度，加强产品售后服务等。

【案例】

GalaxyS7也爆炸三星回应无证据表明电池存在问题

腾讯科技讯 11 月 21 日，尽管遭遇了 GalaxyNote7 手机爆炸起火并在全球召回，但是三星的噩梦似乎还没有停止。近日，一些媒体就报道称，三星的 GalaxyS7 手机也遭遇爆炸事故了。

上个月，菲律宾和加拿大的一些媒体就提出了担忧，称三星的 GalaxyS7Edge 旗舰式手机可能也存在与 Note7 类似的技术缺陷。就在本月初，来自加拿大的一则报道进一步阐述了这种可能性。就在几天之前，美国科技网站 Gizmodo 报道，一名叫 AmarjitMann 的加拿大男子表示，11 月 13 日他在开车回家途中忽然觉得装着三星 GalaxyS7 的口袋发热，便将手机取出，取出瞬间，手机就在他手中爆炸了。Mann 表示，爆炸导致了他的手部二级烧伤，手腕三级烧伤。

根据三星公开的信息，北京商报记者做了最保守的估计，三星此次将承担的直接经济损失将超过 200 亿元，其中并不包括品牌伤害所带来的其他经济损失。

7. 应切实降低环境保护与资源节约风险

企业环境保护和资源节约方面的风险包括：环境法律、法规、行业政策的限制风险；绿色消费的推崇、绿色贸易壁垒的设置风险；企业所属行业的特点引起的环境风险；生产技术、管理水平的限制引起的环境风险等。

企业在降低环境保护和资源节约风险方面的控制措施包括：（1）转变发展方式，实现清洁生产和循环经济；（2）依靠科技进步和技术创新，着力开发利用可再生资源；（3）建立环境保护和资源节约监测考核体系等。

8. 应切实规避促进就业与员工权益保护风险

企业在促进就业方面的风险主要包括：（1）法律风险；（2）招聘失败风险；（3）人才过剩风险。

降低企业促进就业方面风险的控制措施主要包括：（1）提供公平就业机会；（2）加强对应聘人员的审查。

企业在保护员工合法权益方面的风险主要包括：（1）侵犯员工民主权利的风险；（2）侵犯员工人身权益的风险；（3）薪酬管理风险；（4）员工发展风险等。

降低企业在促进就业与保护员工合法权益方面风险的控制措施有：（1）提供公平的就业机会；（2）加强对应聘人员的审查；（3）建

立完善科学的员工培训和晋升机制;(4)建立科学合理的员工薪酬增长机制;(5)维护员工的身心健康。

9. 应重点管理产学研用结合风险

《企业内部控制应用指引第 4 号 —— 社会责任》第二十条规定:"企业应当按照产学研用相结合的社会需求,积极创建实习基地,大力支持社会有关方面培养、锻炼社会需要的应用型人才"。企业在产学研用结合方面的风险可能有:(1)研发风险;(2)市场风险;(3)利益分配风险等。

降低产学研用结合风险的控制措施有:(1)企业应当重视产学研用结合;(2)确定不同产学研合作方式下的利益分配模式。

10. 应格外关注慈善事业风险

《企业内部控制应用指引第 4 号 —— 社会责任》第二十一条规定:"企业应当积极履行社会公益方面的责任和义务,关心帮助社会弱势群体,支持慈善事业"。大力推动企业支持社会慈善爱心活动,对于组织调动社会资源、调节贫富差距、缓解社会矛盾、促进社会公平、构建和谐社会具有重要而深远的意义。慈善事业风险的影响主要在于对企业形象负面影响的风险和捐款过度给企业带来的现金短缺风险。

第二节 风险评估

一、目标设定

（一）目标设定的含义

目标设定是企业在识别和分析实现目标的风险并采取行动来管理风险之前，采取恰当的程序去设定目标，确保所选定的目标支持和切合企业的发展使命，并且与企业的风险承受能力相一致。

《企业内部控制基本规范》第三章第二十条规定，"企业应当根据设定的控制目标，全面系统持续地收集相关信息，结合实际情况，及时进行风险评估"。由此可见，目标设定是企业风险评估的起点，是风险识别、风险分析和风险应对的前提。

《企业内部控制基本规范》第一章第三条规定，"内部控制的目标是合理保证企业经营管理合法合规、资产安全、财务报告及相关信息真实完整，提高经营效率和效果，促进企业实现发展战略"。在这五大目标中，战略目标是最高层次的目标，经营目标、资产目标、报告目标与合规目标是建立在战略目标基础上的业务层面目标。在企业内部控制目标的设定过程中，企业要根据自己的风险偏好和风险承受能力首先制定企业层面的目标，即战略目标，然后再制定业务层面目标。对已经制定的目标进行审阅，以保证这些目标与企业的风险偏好、风险承受能力相一致。

（二）战略目标的设定

1. 战略目标的内容

战略目标是企业使命和功能的具体化，一方面，有关企业生存的各个部门都需要设定目标；另一方面，目标也取决于个别企业的不同战略。尽管企业战略目标是多元化的，但各家企业需要制定目标的内容是近似相同的。通常要从以下几个方面来考虑：

（1）盈利能力。用销售利润、利润率、投资收益率、每股平均收益等来反映，表明企业希望达到的经济目标。

（2）市场。用市场占有率、销售额或销售量来反映，表明企业希望达到的市场占有率或在竞争中达到的地位。

（3）生产率。最大限度地提高产品数量和质量，用投入产出比率或单位产品成本来表示。

（4）产品。用产品线或产品的销售额和盈利能力、开发新产品的完成期来表示。

（5）资金。用资本构成、新增普通股、现金流量、流动资本、回收期来表示。

（6）研究与开发。对研究、开发新产品，提供新型服务内容的认知及措施，用花费的货币量或完成的项目来表示。

（7）组织。主要指职工积极性的发挥，对职工进行激励、报酬鼓励等措施。

（8）人力资源。用缺勤率、迟到率、人员流动率、培训人数或即将实施的培训计划数来表示。

（9）社会责任。用活动的类型、服务的天数或财政资助来反映，注意企业对社会产生的影响。

需要注意的是，一家企业不一定在以上所有领域都规定目标，并且，战略目标也并不局限于以上9个方面。

2. 战略目标的分解

战略目标不止一个，而是由若干目标项目组成的一个战略目标体系。战略目标可以进行纵向分解和横向分解，还可以运用平衡计分卡法进行分解。

（1）纵向分解。

从纵向上看，企业的战略目标体系可以分解成一幅树形图，如图2-2 所示。

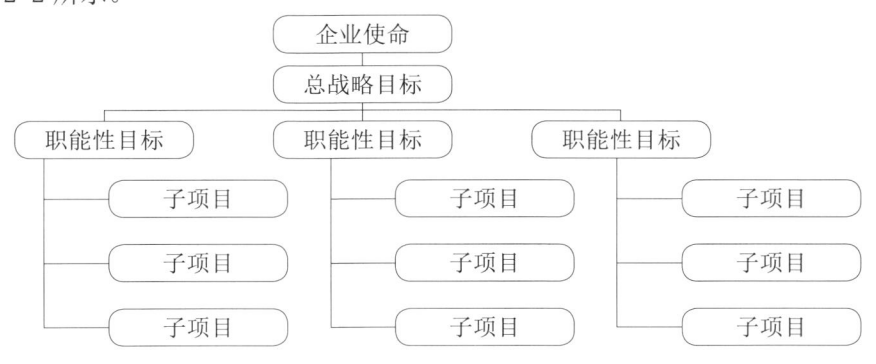

图2-2 企业的战略目标体系分解图

从图中可以看出，在企业使命的基础上制定企业的总战略，为了保证总目标的实现，必须将其分解，规定保证性职能战略目标，也就是说，总战略目标是企业的主体目标，职能性目标是保证性的目标。

（2）横向分解。

从横向上来说，企业的战略目标大致可以分为两类。第一类是用来满足企业生存和发展需要的目标项目，这些目标项目又可以分解成业绩目标和能力目标。业绩目标主要包括收益性、成长性和安全性（稳定性）指标三类定量指标。能力目标主要包括企业综合能力指标、研究开发能力指标、生产制造能力指标、市场营销能力指标、人事组织能力指标和财务管理能力指标等一些定性和定量指标。第二类是用来满足与企业有利益关系的各个社会群体所要求的目标。这样的群体主要有顾客、企业职工、股东、所有社区及企业社会群体。

（3）平衡计分卡法。

平衡计分卡（BSC）是被应用得非常广泛的一个战略管理工具，被《哈佛商业周刊》誉为"75年来最具影响力的战略管理工具"。平衡计分卡创新地通过对企业在财务、客户、内部运营和学习与成长 4 个维度的共同绩效评测,将抽象的战略目标层层分解,有效地转化为具体的行动计划,从而大大提高战略的执行能力和绩效表现。

第一,财务指标。财务指标主要考核提供给股东的最终价值,即对销售收入的增长、降低成本和提高资产利用效率等的衡量,如:销售收入、净资产收益率、应收账款周转率、存货周转率、固定资产利用率等。

第二,客户指标。客户指标是指以客户的眼光来看待企业的经营活动,使企业对为客户提供什么价值形成清晰的认识,如:客户满意度、产品退货率、顾客回头率、新顾客比率、及时交货率等。

第三,内部业务流程指标。内部运营关注能提升企业经营水平的关键流程或对客户满意度有最大影响的业务程序,如:合格品率、产品可靠性、研发投入回报率、生产线成本、订货交货时间等。

第四,学习与成长指标。学习与成长是上述三个指标取得出色成果的基础,即对人力系统和组织程序的衡量,如员工培训参加率、员工满意度、员工流动率、员工生产率、员工获提升比率等。

通过平衡计分卡,可以从 4 个维度明晰企业的战略目标重点,如财务维度方面,快速扩大销售规模,提高销售收入;客户维度方面,显著提高产品品牌,扩大市场占有率;内部业务流程维度方面,导入信息化平台管理,改善销售模式;学习与成长维度方面,加强骨干员工的培训,打造学习型团队等。

明晰了企业的战略目标重点后,再将其分解为"主关键成功因素",主关键成功因素进一步分解为"次关键成功因素",企业战略目标由此顺利地层层分解下去。

3. 战略目标设定的原则

企业在确定战略目标时,通常使用一套被称作 SMART 的基本原则,它是以下五个英文单词首字母的缩写:

S(specific) 代表具体,不能笼统;

M(measurable)代表可计量，可以量化并可被验证；

A(attainable)代表可行，可以达到；

R(relevant)代表相关性，实实在在，可以证明和观察；

T(time-based)代表时限，具有明确的期限。

例如，如果企业的战略目标是增强客户意识，那么这种对目标的描述就很不明确，因为增强客户意识有很多具体做法。比如，将客户投诉率作为一个标准，过去的客户投诉率是3%，我们可以把目标进一步明确为将客户投诉率降低至1.5%。所以说，企业制定战略目标必须符合上述原则，5个原则缺一不可。

4. 战略目标设定的步骤

战略目标需要通过董事会及员工的相互沟通来确定，同时还要有支持其实现的战略计划及年度预算。战略目标的设定需要经过以下4个步骤。

（1）明确企业发展目标。企业在其中长期规划中应明确自身的发展目标和发展方向，通过培训、发放宣传手册、领导讲话等方式将企业层面的目标清晰地传达给员工。

（2）制定实现目标的战略规划。企业通过SWOT分析，了解自身的优势、劣势、机会和威胁的基础上制定帮助企业实现目标的战略规划。

（3）编制年度计划。企业根据制定的中长期战略规划编制年度经营计划。该年度经营计划应符合企业中长期战略规划的效益目标、投资方向和投资结构。

（4）企业编制年度预算。企业应按照上下结合、分级编制、逐级汇总的原则编制全面预算，将战略目标进一步分解、细化与落实。

【案例】

海尔收购GE家电有何战略逻辑？

海尔集团是我国最大的白色家电生产制造商，自1984年成立以来，海尔坚持以用户需求为中心的创新体系驱动企业持续健康发展，从一家资不抵债、濒临倒闭的集体小厂发展成为全球化的大型家电第一品牌。随着经济全球化的不断推进，海尔将投资和扩大美国业务定为公司现阶段发展战略的核心。

2016年6月6日，经过四个多月的审批和沟通，海尔集团成功收购通用家电，最终收购金额为55.8亿美元。通用电气（GE）的家电业务已有120多年的历史，在美国有很高的知名度。这次的收购将能够更快地实现海尔集团在美国市场扩张的目标，因为北美市场是一个相对成熟的家电市场，市场的竞争也比较激烈，包括美国本土品牌、欧洲品牌，海尔要进入一个成熟的市场并树立品牌，投入会非常大，收购GE对海尔来说会有很好的借力效果。

同时，在海尔集团与通用电气家电部门的企业文化中，都特别注重与时俱进，双方的强强联合无疑能使海尔更大、更强。现在的海尔正在往互联网企业转型，要依托互联网平台达成驱动企业从以自我为中心转向以与用户融合共创为中心的目的，通用电气家电部门有非常优秀的员工和非常庞大的用户资源，依托这样一个好的基础能够帮助海尔进一步实现从传统家电领先品牌到网络社群平台品牌的转型，成为网络平台的引领者，为用户提供更好的服务。

海尔此举无疑印证了其欲打开美国家电市场的战略目标，这是中国家电行业迄今为止最大的一笔海外并购，业内预计这次并购将会有力提升海尔在全球的竞争力，预计从今年下半年起将对青岛海尔的业绩带来正面影响。

5. 战略目标设定的方法

企业在设定战略目标时，有4个思考的维度。第一，企业过去和现在已经达成的目标；第二，所在行业的平均水平；第三，所在行业的最优水平或标杆业绩（benchmarking）；第四，依据使命和愿景，企业应该达到的水平。

在具体设定战略目标时，以下一些常用的方法和技术可供参考：

(1) 时间序列分析法。

时间序列是按时间顺序排列的一组数字序列。时间序列分析就是利用这组数列，进行统计规律分析，构造出拟合这个时间序列的最佳数学模型，然后利用该模型进行未来预测。时间序列分析具体包括简单平均法、移动平均法和加权平均法。其中，编制时间序列是动态分析的基础，主要目的在于了解过去的活动过程，评价当前的经营状况，从而设定未来的战略目标。

(2) 相关分析法。

相关分析也称回归分析，是测定经济现象之间相关关系的规律性，并据以进行预测、设定战略目标的程式化分析方法。相关分析法在研究现象之间的相互依存关系、预测现象的发展变化和发展趋势时，起着重要的作用，其应用范围广泛，特别适合长期预测。

(3) 盈亏平衡分析法。

在企业经营活动中，各种不确定因素（如投资、成本、销售量、产品价格、项目寿命期等）的变化，会影响投资方案的经济效果，当这些因素的变化达到某一临界值时，就会影响方案的取舍。盈亏平衡分析法，又称保本点分析法，或量、本、利分析法，是根据产品的业务量、成本、利润之间相互制约关系的综合分析，预测利润、控制成本、判断经营状况。

在企业经营实践中，尽管企业的性质、业务、产品的品种千差万别，但业务量（产量或销量）、成本、利润等参数，却是共同的、本质的。盈亏平衡分析法的好处在于，撇开十分复杂的企业经济活动的外在形态，从内在的、基本的数量关系入手，粗略地估计利润数量。由此，不仅抓住了主要矛盾，而且使问题变得非常简明。对于多元化、多品种的企业来说，如何使用盈亏平衡分析，需要做一些技术性的处理。比如，需要先把企业的管理费合理分摊到每个品种上，然后再对每个品种分别作盈亏平衡分析。

（4）决策矩阵法、决策树法。

决策矩阵法以矩阵为基础，先分别计算出各备选方案在不同条件下的可能结果，然后按客观概率的大小，计算出各个备选方案的期望值，经过比较后，从中选择优化的战略目标。

决策树法的基本原理，仍以收益矩阵决策为基础，所不同的是，决策树法是一种图解方式，对分析复杂的问题更为适用。决策树分析不仅能帮助人们进行系统的、符合逻辑的、有条理的思考，而且有助于开展集体讨论，统一认识，对形成包含总目标、分目标、子目标在内的战略目标体系，尤其适用和实用。

除上述方法外，企业设定战略目标时还可以采用基准分析法、博弈论法及模拟模型法等分析方法。

（三）设定业务层面目标

业务层面目标包括经营目标、资产目标、报告目标和合规目标，它来自企业战略目标及战略规划，并制约或促进企业战略目标的实现。业务层面的目标应具体并具有可衡量性，并且与重要业务流程密切相关。业务层面目标的设定需要经过4个阶段，即设定业务层面目标、定期更新目标、配置资源、分解目标。

1. 设定业务层面目标。企业的总目标及战略规划为业务层面目标的设定指明方向，业务层面根据自身的实际情况及总体目标的要求提出本单位的目标，通过上下不断沟通最终确定。

2. 根据企业的发展变化，定期更新业务活动的目标。

3. 配置资源以保证业务层面目标的顺利实现。企业在确定各业务单位的目标之后，将人、财、物等资源合理分配下去，以保证各业务单位有实现其目标的资源。

4. 分解业务目标并下达。企业确定业务层面的目标后，再将其分解至各具体的业务活动中，明确相应岗位的目标。

【案例】

广东省某生物科技股份有限公司战略规划、目标设定实例

2014年，在充分了解国内生物科技的发展状况、生物科技产品市场及公司现有资源和条件的基础上，广东省某生物科技股份有限公司提出了2014—2016年的三年战略计划。

1. 设定公司总体战略目标

公司依托国家鼓励发展生物工程及医用植入器械的产业政策，结合自身的优势，致力于研发、生产性能优异的再生型植入医疗器械产品，让中国乃至全球广大的患者享受高科技成果，极大地提高术后的生活品质。公司的发展目标是将自身打造成一家国际知名的医用植入器械高端产品的企业，成为中国再生型植入医疗器械领域的领军者。

2. 设定公司具体战略计划

（1）建成"再生型医用植入器械国家工程实验室"和"再生型生物膜高科技产业化示范工程"项目。

（2）研发完成2～3种产品并投放市场，使之成为公司重要的收入来源和新的利润增长点。

（3）构建多种营销模式，推进公司品牌战略建设，实现品牌国际化。

（4）计划建设10万级高洁净厂房3000平方米，将用于生产生物型硬脑膜补片、胸普外科修补膜。

（5）形成多层次的人才梯队，借助与高校的产学研结合，定向培养需要的专业人才。

3. 在制订了三年具体战略计划的基础上，公司最高管理层也将这些计划细分到技术研究计划、产品开发计划、产能扩建计划、市场开发计划、人才发展计划、资本发展计划等具体工作目标上，以便对各部门进行业绩衡量，及时发现问题所在，并制定相应的应对措施。

通过以上案例可知，正是通过实施这种系统化的战略规划过程，才为企业开展工作明确了具体的工作目标和衡量标准，使企业少走了许多

弯路，大大提高了成功率。从实践结果来看，实施战略规划前的目标设定确实是一项非常重要而且有价值的工程。

（四）目标设定与风险偏好、风险承受度

目标设定是否科学、有效，取决于其是否符合企业的风险偏好和风险承受度。

1. 风险偏好

风险偏好是指企业在实现其目标的过程中愿意接受的风险的数量。可以从定性和定量两个角度对风险偏好加以度量。风险偏好与企业的战略直接相关，在战略制定阶段，企业应进行风险管理，考虑将该战略的既定收益与企业的风险偏好结合起来，目的是帮助企业的管理者在不同的战略之间选择与企业的风险偏好相一致的战略。

2. 风险承受度

风险承受度是指在企业目标实现的过程中对差异的可承受风险限度，是企业在风险偏好的基础上设定的对相关目标实现过程中所出现的差异的可接受水平，也被称作风险承受能力。也就是说，风险承受度包括整体风险承受能力和业务层面的可承受风险水平。例如，一家公司的目标市场份额是15%，同时公司还规定了对于市场份额的可接受范围，即10%～20%。又如，收入增长率的目标是40%，但允许有一定的偏差，比如35%～45%的收入增长率都可以接受。再如，要求产品的废品率是3%，但是最多允许5%的产品是废品。

在确定各目标的风险承受能力时，企业应考虑相关目标的重要性，并将其与企业风险偏好联系起来。企业在风险承受能力之内经营，能够使其在风险偏好之内向管理层提供更大的保证，进而对企业实现其目标提供更高程度的保证。

此外，企业应以风险组合的观点看待风险。对企业内每个单位而言，其风险可能落在该单位的风险承受度范围内，但从企业总体来看，总风险可能超过企业总体的风险偏好范围。因此，应从企业总体的风险组合

的观点看待风险。

二、风险识别

(一)风险识别的概念

风险识别是对企业面临的各种潜在事项进行确认。所谓潜在事项,是指来自企业内部和外部可能影响企业战略的执行和目标的实现的一件或者一系列偶发事项。企业应采用一系列技术来识别有关事项并考虑有关事项的起因,对企业过去和未来的潜在事项及事项的发生趋势进行计量。

《企业内部控制基本规范》第三章第二十一条规定:"企业开展风险评估,应当准确识别与实现控制目标相关的内部风险和外部风险,确定相应的风险承受度"。风险识别是否全面、深刻直接影响风险评估的质量,风险识别的目的就是确认所有风险的来源、种类及发生损失的可能性,为风险分析和风险应对提供依据。由此可见,风险识别是整个风险评估过程中重要的程序之一。

【案例】

采购原料遭500万美元索赔

A企业生产镍氢电池出口欧美等地。由于生产镍氢电池的主要原材料——镍粉需要从俄罗斯进口,所以A企业与俄罗斯某企业形成了长期供应关系。

2014年1月,A企业与俄罗斯某公司签订了2014年、2015年的镍粉采购合同,由于A企业所需的镍粉不是市场上的常规产品,所以合同约定由俄罗斯供应商购买镍原料后按照A企业的要求加工,达到A企业的采购标准,然后A企业按月开出信用证,俄罗斯供应商按月供货。合同中适用法律选择了英国法律,解决争议仲裁地选在了英国金属交易所。

可是,到了2015年年初,欧美的环保法规发生变化,大量削减了镍氢电池的进口数量,这一结果导致A企业的产品出口订单急剧减少。

于是，A 企业通过电话向俄罗斯供应商提出修改采购合同的要求，但是俄方没有同意，修改采购合同的事宜就此搁置。

3 个月之后，由于产品销路受限导致产品积压占用大量资金及其他方面的问题，A 企业资金更加紧张，已经无法继续履行与俄罗斯供应商的镍粉采购合同，A 企业再次与俄罗斯供应商电话沟通，还是没有结果。于是 A 企业采取了以下措施：不再为供应商开具信用证，并电话告知俄罗斯供应商。这期间，国际市场上镍的价格大跌，A 企业暗自庆幸没有开出信用证的决定是正确的。又过了两个月，A 企业给俄罗斯供应商发出了停止供货的传真通知。

本以为信用证不开了，停止发货的通知也发出去了，接下来就与供应商没有什么关系了，于是 A 企业集中精力另找销路应对产品积压问题，同时准备转产满足环保要求的产品。这期间，A 企业收到一份英文邮件，但是有关人员不懂英文，所以也就没有人在意。可是，就在 A 企业全力以赴应对困难的情况下，2015 年 9 月末，突然又接到了一份内容更多的英文文件，找人翻译后才知道，原来是来自英国金属交易所的判决书，裁决 A 企业赔偿俄罗斯供应商原料降价损失、加工费（专供）损失共计 500 万美元，外加巨额的仲裁费。A 企业高管着了慌，这时才想到应该找律师。

原来，俄罗斯供应商接到 A 企业终止合同的书面通知时，已经储存了相当数量的镍原料，并且已经加工了足够 A 企业使用一个季度的镍粉。俄罗斯供应商为了避免自己的损失，按照合同的规定，向英国金属交易所提起仲裁申请，向 A 企业索赔原料降价损失、加工损失费等。

（二）风险识别的内容

风险识别的主要内容包括如下两方面：

第一，感知风险事项。通过调查和了解，识别风险事项的存在。按风险的来源不同，企业可能存在的风险事项可以划分为内部风险和外部风险。

第二，分析风险事项。通过归类分析，掌握风险事项产生的原因和条件，以及风险事项具有的性质。感知风险事项和分析风险事项构成了风险识别的基本内容，两者是相辅相成、互相联系的。感知到风险事项的存在才能进一步有意识、有目的地分析风险，进而掌握风险的存在及分析导致风险事项发生的原因和条件。

1. 内部风险

企业的内部风险源于企业的决策和经营活动。企业决策的风险一方面表现在与外界环境不相适应，另一方面表现在企业本身的经营活动中，经营活动中的风险来自企业的各个流程和各个部门。企业常见的内部风险有战略风险、经营风险（营运风险）、财务风险等。

（1）战略风险。

战略风险指不确定性对企业战略目标实现的影响。理解战略风险需要注意：一是战略风险是未来影响企业的各种不确定性事件，已经发生的确定性事件不能作为企业战略风险；二是尽管企业战略因素来源广泛，但并不是每个事件或可能性都构成战略风险，只有当这个事件或偶然性影响到战略目标的实现时，才可以称为战略风险。

（2）营运风险。

营运风险指因企业内部流程、人为错误或外部因素而令公司产生经济损失的风险。营运风险包括公司的流程风险、人为风险、信息系统风险、事件风险和业务风险。流程风险指交易流程中出现错误而引致损失的风险。人为风险指因员工缺乏知识和能力、缺乏诚信或道德操守而引致损失的风险。信息系统风险指因系统失灵、数据的存取和处理、系统的安全和可用性、系统的非法接入与使用而引致损失的风险。事件风险指因内部或外部欺诈、市场扭曲、人为或自然灾害而引致损失的风险。业务风险指因市场或竞争环境出现预期以外的变化而引致损失的风险。

（3）财务风险。

财务风险指在企业各项财务活动过程中，由于各种难以预料或控制的因素影响,使企业的财务收益与预期收益发生偏离,从而使企业有蒙受损失的可能性。从财务管理职能的角度,企业财务风险可分为筹资风险、投资风险和收益分配风险。筹资风险包括增加企业资金成本和降低企业偿债能力两类风险。投资风险指由于项目不确定因素导致投资报酬率无法达到预期目标的风险。投资决策是建立在一系列假设前提基础上的,当实际情况与假设情况可能出现不一致时,便会形成投资风险。公司股利分配没有达到投资者的预期,可能会导致投资者低估公司价值、抛售公司股票,甚至联合罢免管理层等,这些都会给生产经营活动带来不确定影响。但是,公司过多地分配股利会降低公司的现金拥有量,一方面导致部分投资项目缺乏资金,另一方面还可能引起债务危机。财务风险是客观存在的,企业管理者只能采取有效的措施来降低财务风险,而不可能完全消除财务风险。

【案例】

"超日太阳"的信用之殇

"超日太阳"曾是我国光伏产业最具潜力的企业之一,上市后短短两年就从资本市场募集资金 30 多亿元。然而好景不长,仅仅一年,却因为无法偿还高额的"超日债"利息而受到了证监会的立案调查。

2013 年 3 月 1 日,"ST 超日"发布"11 超日债"2013 年第一次付息公告,但"超日债"后续违约警报没有解除。截至 2012 年年底,公司有 13.76 亿元银行贷款逾期,涉及诉讼金额高达 12.87 亿元。受此事件的影响,公司信用等级从 AA 级降为 CCC 级。其实,"超日太阳"的衰败有迹可循,这样一场信用之殇原本可以避免。

经营活动现金流量捉襟见肘

自 2010 年上市以来,受光伏产品销售持续低迷影响,"超日太阳"的经营活动现金流大幅下滑,2010—2012 年累计流出现金 16.19 亿元,占公司上市募集资金总额的七成以上。同时,2011—2012 年,公司只增收不增利,应收账款同比增长超过 254%,存货占用资金同比增长了

211%，存货周转期不断延长。

投资境外光伏电站耗用大量资金

2011年，公司启动"发行债券"的融资计划。这一年正是中国光伏企业遭遇整体困境的一年，"超日太阳"却凭借着"海外电站"的愿景，通过了向证监会提交的发债申请。"超日太阳"希望通过投资海外电站来消化组件库存，并获得销售回款。事实上，"海外电站"不过是光伏电池组件商在产品毛利大幅下跌、销路不畅时的一种消化库存的途径，其缺点是沉淀资金较多，账款回收期长。业界人士认为，企业向下游电站拓展的投入最多占到组件产能的25%。然而，"超日太阳"在终端电站自建和直供的业务比例占到组件产能的90%左右，这造成了极大的资金风险。

巨额银行债务危机四伏

资金流出过多导致公司现金流一直非常紧张，因此公司向银行大量借债。根据2012年年报，"超日太阳"几个最大的银行债权方分别是中国进出口银行上海分行（1.79亿元逾期）、浦发银行（1亿元逾期）、广发银行上海分行（1亿元逾期）、建行江海路支行（1.1亿元逾期）等。截至2012年年末，公司的现金及现金等价物的金额仅为1.20亿元，公司在严重资不抵债的同时，还面临信誉降级、大股东质押融资等问题。

如果管理者能够及时意识到企业所面临的财务风险和经营风险等，就应该深究企业资金链断裂的原因，改变生产策略减少库存，同时寻找适销对路的销售策略，而不是一味自欺欺人地过度投资和举债。同时，如果企业事先对财务报表进行分析，就应该能充分了解其财务状况并有所警觉，或者降低所给予的信用额度，或者采用其他付款方式，从而降低和排除上述损失。对于我国企业来说，这次信用风险事件值得深刻反思，引以为戒。如果管理者能在企业经营过程中适时识别各种风险，就能避免这样一场信用之殇。

2. 外部风险

企业的外部风险来自企业经营的外部环境，包括外部环境本身和外部环境的变化对企业目标的影响。常见的外部风险主要有：自然风险、政治风险、市场风险、法律风险等。

例如，一家服装鞋类进口商确定了企业的一个总体目标——要成为高档时装业的领头羊，企业层面考虑到的外部风险有：①供货渠道（包括质量、数量和外国制造商）的稳定性；②外汇汇率的波动；③接收运货的及时性及海关检验耽搁的影响、海运公司的可靠性与运费；④国际上敌对事件和贸易禁运的可能性；⑤来自客户和投资者的压力，比如要求抵制与某个国家的贸易往来，因为该国政府实行了令人无法接受的政策。除此以外，还应该考虑的风险有：经济状况好转还是恶化的影响，市场对产品是否接受，在该企业的市场范围内是否出现新的竞争对手及环境或监管的法律、法规是否发生改变等。

（1）自然风险。

自然风险是指自然灾害、环境状况等自然环境因素导致的建筑物的损失，限制获取原材料，或者人力资本等方面的损失。

2016年9月15日，第14号台风"莫兰蒂"登陆厦门，这是1949年以来登陆闽南的最强台风，给福建省带来了严重的灾害。在"莫兰蒂"的影响下，多家新三板上市公司发布了不同程度的受损公告。其中，厦门东帝士广告股份有限公司（证券简称"东帝士"，证券代码：836648）公告称，受强台风及强降雨影响，公司多处户外广告设施受到不同程度的破坏，但未造成人员伤亡。据统计，此次灾情中公司共有5块户外看板及数十块公交车亭广告设施受到不同程度的损坏，直接经济损失大约为150万元，预计将对公司2016年度经营业绩产生一定影响。

（2）政治风险。

政治风险是因投资者所在国与东道国政治环境发生变化、东道国政局不稳定、政策法规发生变化给投资企业带来经济损失的可能性。

达信全球风险及特殊险部总裁 John Drzik 表示:"随着欧洲难民危机、恐怖袭击等事件的发生,目前的世界政治局势已达到冷战以来最脆弱的时刻。如此动荡的政治环境正迫使跨国企业领导者调整战略决策,他们不得不谨慎考虑这些风险可能对其企业在海外拓展、品牌声誉和供应链体系等方面造成的诸多影响。"

(3)市场风险。

市场风险包括产品市场风险、金融市场风险等。产品市场风险是指因市场变化、产品滞销等原因导致的产品跌价或不能及时卖出自己的产品。金融市场风险包括利率风险、外汇风险、股票与债券市场风险、期货、期权与衍生工具风险等。按照企业参与的产品市场类型,可以分为供给市场风险和需求市场风险。供给市场风险主要来自获取关键设备、主要原材料和人力资源的不确定性,包括供给数量和价格。需求市场中消费者需求改变、产品更新换代、竞争程度加剧、营销渠道不畅及品牌形象降低等都会造成企业市场风险的暴露。

(4)法律风险。

法律风险指因企业内外部的具体行为不规范,引起与企业所期望达到的目标相违背的法律上的不利后果发生的可能性。根据引发法律风险的因素来源,可以分为外部环境法律风险和企业内部法律风险。所谓外部环境法律风险,是指由于企业以外的社会环境、法律环境、政策环境等因素引发的法律风险,包括立法不完备,执法不公正,合同相对人失信、违约、欺诈等。由于引发因素不是企业所能够控制的,因而企业不能从根本上杜绝外部环境法律风险的发生。所谓企业内部法律风险,是指企业战略决策、内部管控、经营行为、经营决策等因素引发的法律风险,表现为企业自身法律意识淡薄,未设置较为完备的法律风险防范机制,对法律环境认知不够,经营决策未充分考虑法律因素,甚至违法经营等。

2016 年 10 月 23 日,《2016 中国上市公司法律风险指数报告》在北京发布。该报告披露：2015年中国上市公司法律风险指数整体上升，住宿和餐饮业法律风险最高，制造业法律风险整体偏高，创新、消费行业法律风险偏低，房地产、汽车行业法律风险上升较快；合规经营形势严峻，违规、非标报告、高管责任三指标大幅上升；经济下行压力加大，诉讼法律风险持续上升；大股东持股比例下降，董事会规模缩小，公司治理出现新问题；多元化经营趋势逆转。数据显示，2015年进入测评的2747家上市公司中，有735家公司在年报的重大事件中披露诉讼情况，较2014年的607家增加了128家。2015年共计披露诉讼案件32571次，较2014年新增加诉讼次数16833次，增长幅度超过1倍，涉案资产共计逾6018万元，较2014年新增加了4132万多元，新增幅度超过2倍。

　　企业开展风险评估，应当准确识别与实现控制目标相关的内部风险和外部风险。需要注意的是，这些影响企业风险的事项通常不是孤立的，一个事项可能引发另一个事项。在事项识别的过程中，企业应清楚事项彼此之间的关系，通过评估这种关系，才能确定采取何种风险应对措施是恰当的。例如，提高存款准备金的政策，会使利率、汇率、股票价格、房地产价格等都发生联动变化。由此可见，企业对风险事项的识别需要具有一定的前瞻性和系统性。

　　（三）风险识别的方法

　　风险识别实际上就是收集有关风险因素、风险事故和损失暴露等方面的信息，发现导致潜在损失的因素。风险识别的方法就是收集和分析这些信息的方法和技术。风险识别的方法一般有：财务报表分析法、流程图分析法、事件树分析法、现场调查法、保单对照法等。

　　1. 财务报表分析法

　　财务报表分析法是通过资产负债表、利润表、现金流量表和其他附表等财务信息的分析来识别风险事项。财务报表分析法是由 A. H. 克里德尔 1962 年提出的事项识别方法。克里德尔认为，分析资产负债表等财务报表和相关的支持性文件，风险管理人员可以识别风险主体的财产风险、责任风险和人力资本风险等。这是因为风险主体的经营活动最终会涉及货币或财产，运用财务报表进行分析可以发现企业所面临的主要风险。

财务报表分析法具体分为以下几种主要方法：

（1）趋势分析法。

趋势分析是通过对一家企业连续数期的利润表和资产负债表的各个项目进行比较，以求出金额和百分比增减变动的方向和幅度，以揭示当期财务状况和经营状况增减变化的性质及其趋向。例如，进行资产负债表比较分析，如果发现企业大量举债而又缺乏按时偿还的能力，那么企业可能落入"举债—再举债—债上加债"的恶性循环之中，危及企业的生存。

趋势分析法通常包括横向分析法和纵向分析法。横向分析法又称水平分析法，是在会计报表中用金额、百分比的形式，将各个项目的本期或多期的金额与基期的金额进行比较分析，以观察企业经营成果与财务状况的变化趋势。纵向分析法又称垂直分析法，是对会计报表中某一期的各个项目，分别与其中一个作为基期金额的特定项目进行百分比分析，借以观察经营成果与财务状况的变化趋势。例如，企业资产负债率＝总负债／总资产×100%，该指标反映企业长期偿债能力，将该指标同以往年度的可比指标进行对比，能更加清楚地揭示出企业长期偿债能力的变化趋势，并能够进一步分析企业是否存在财务风险。

（2）比率分析法。

比率分析就是把财务报表的某些项目同其他项目进行比较，这些金额或者数据可以选自一张财务报表，亦可以选自两张财务报表。比率分析法可以分析财务报表所列项目与项目之间的相互关系，运用得比较广泛。主要有经营成果的比率分析、权益状况的比率分析、流动资产状况的比率分析。例如，资金利润率的大小反映资本投资的综合效果，如果其值很小乃至是负值，则企业的经营风险增大。存货周转率要适中，存货过多会浪费资金，存货过少不能满足流转需求。

（3）因素分析法。

因素分析法也是财务报表分析中常用的一种技术方法，它是指把整体分解为若干个局部的分析方法，包括比率因素分解法和差异因素分解法。

第一，比率因素分解法。

比率因素分解法，是指把一个财务比率分解为若干个影响因素的方法。例如，净资产收益率可以分解为总资产收益率和权益乘数两个因素的乘积，财务比率是财务报表分析的特有概念。在实际的分析中，分解法和比较法是结合使用的，比较之后需要分解，以深入了解差异的原因。分解之后还需要比较，以进一步认识其特征。不断的比较和分解，构成了财务报表分析的主要过程。

第二，差异因素分解法。

为了解释比较分析中形成差异的原因，需要使用差异因素分解法。例如，将直接人工成本差异分解为价格差异和数量差异。差异因素分解法又分为定基替代法和连环替代法两种。

定基替代法是测定比较差异成因的一种定量方法。按照这种方法，需要分别用标准值（历史的、同业企业的或预算的标准）替代实际值，以测定各个因素对财务指标的影响。连环替代法是另外一种测定比较差异成因的定量分析方法。按照这种方法，需要依次用标准值替代实际值，以测定各个因素对财务指标的影响。

（4）杜邦分析法。

杜邦分析法是由美国杜邦公司创造并最先使用的一种财务分析方法，其最大的特点是把一系列的财务指标有机地结合在一起，利用各个指标之间的递进关系，揭示出指标之间的内在联系，找到造成某一个指标发生变动的相关因素，为公司经营者控制该项指标朝着良性的方向发生变动提供可靠的依据。

杜邦分析法是财务指标分解的综合方法，它以最能反映公司理财目标的指标——净资产收益率作为核心和出发点，通过指标的层层分解，揭示出各个财务指标之间的内在联系和不同财务指标对股东权益收益率的影响关系。

财务报表分析法能综合反映一个风险管理单位的财务状况，因为风险管理单位存在的许多问题都能够通过财务报表真实、可靠地反映出来。财务报表分析法的缺点是专业性较强，缺乏财务相关的专业知识就无法识别。另外，它不能反映以非货币形式存在的问题，如人员素质、体制改革和其他经济因素的变化等，因此财务报表分析法需要辅以其他识别方法。

2. 流程图分析法

流程图分析法是将风险主体的全部生产经营过程，按其内在的逻辑联系绘成作业流程图，针对流程中的关键环节和薄弱环节调查和分析风险。企业内部经营的流程图反映了各种经营活动的种类和顺序，它把企业看作一个加工单位，可以设法发现所有可能中断这个过程的偶然因素，对企业经营流程图的分析可以向风险主体揭示企业经营异常的方面，而这些方面常常存在特有的风险。

流程图有以下类型：

（1）按照流程路线的复杂程度划分，可以分为简单流程图和复杂流程图。

简单流程图是将主体的活动以大致流程进行分析，将其主要过程的内置联系和对这个过程中可能出现的风险进行分析，发现活动过程中可能存在的风险事项。简单流程图如下：

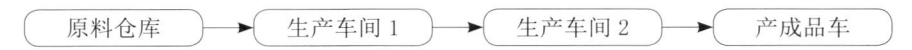

原料仓库 → 生产车间1 → 生产车间2 → 产成品车

复杂流程图是对主体所面临的风险事项,在风险主体的活动过程中的主要程序及每一程序中的各个详细环节都进行分析。

(2) 按照流程的内容划分,可以分为内部流程图和外部流程图。

内部流程图是以主体内部的活动为流程路线绘制的流程图,因而也称为生产制造程序流程图。

外部流程图(以某生产企业为例)是以产品的销售运输过程为流程路线绘制的流程图。外部流程图用以揭示企业从原料供应到制成产品,直到销售出去的全过程存在的风险。

(3) 按照流程图的表现形式划分,可以分为实物形态流程图和价值形态流程图。

实物形态的生产流程图(以某生产企业为例)是以某种产品的生产全过程为基本流程路线,将主要生产经营活动及各种辅助活动以实物形态反映在图表中,对每一过程,每一环节逐步进行调查分析,从中发现潜在的风险。如果该生产企业拥有其他产品,则需要绘制不同的流程图。

价值形态流程图则是以标有价值额度的流程路线来反映生产经营过程内在联系的流程图。在这一流程图中,通过货币价值额指标,可以更清楚地揭示风险主体各部门之间相互联系的程度,明确整个生产过程的关键部门和关键环节,以及生产过程中某一程序的中断给其他程序带来的影响。

流程图分析法最大的好处在于,促使工作人员熟悉主体运作中技术层面上的问题,可以将复杂的生产过程或业务流程简单化,从而增加发现公司中一些特殊问题的可能性。企业的生产工序、经营活动越复杂,越能够表现出流程图识别风险的优势,但流程图的绘制要耗费大量时间,另外也不能进行定量分析以判断风险发生可能性的大小,所以其应用仍然具有局限性。

3. 事件树分析法

事件树分析法又称故障树法,其实质是利用逻辑思维的规律和形式，从宏观的角度去分析事故形成的过程。它的理论基础是，任何一起事故的发生，必定是一系列事件按时间顺序相继出现的结果，前一事件的出现是随后事件发生的条件，在事件的发展过程中，每一事件有两种可能的状态，即成功和失败。这是我国标准局规定的事故分析的技术方法之一。

事件树法从某一风险结果出发，运用逻辑推理的方法推导出引发风险的原因，遵循风险事件 — 中间事件 — 基本事件的逻辑结构。它的具体操作是：从事件的起始状态出发，用逻辑推理的方法，设想事故的发展过程，然后根据这个过程，按照事件发生先后顺序和系统构成要素的状态，并将要素的状态与系统的状态联系起来，以确定系统的最后状态，从而了解事故发生的原因和发生的条件。

事件树分析法具有如下特点：

（1）事件树分析是一个动态过程。

事故的发生是一连串事件连续失败的结果，而且是一环扣一环，形成一个事故链，这些事故链相当于多米诺骨牌理论中的骨牌，每一块骨牌就像企业的一个因素，一块倒了之后就可能引起多米诺骨牌一块挨着一块倒下。若中间环节事件有一个不失败，事故就不会发生了。

（2）可以指出防止事故发生的途径。

在分析所有可能的结果时，那些不会导致事故发生的结果就是防止事故发生的各种可能的途径。

（3）能够找出消除事故的根本措施。

从事件树的分析中可以看出事故发生的起始原因，从根源去解决事故。

由此可见，事件树分析法是以选择某一风险因素为开始事件，按照逻辑推理，推论其各种可能的结果及产生这些结果的途径。使用这种分析方法，需要大量的资料和时间，所以一般只有在风险很大或者隐患很深的系统中才使用这种分析方法。

4. 现场调查法

获知主体经营情况的最佳途径就是现场调查。对企业各个活动场所进行检查，与各种员工或管理员沟通可以发现原本已经忽视的风险。现场调查一般有三个步骤：调查前的准备，包括确定调查时间（开始的时间、持续的长短）和调查对象等；现场调查和访问，认真填写表格，形成调查报告与反馈。在实际调查之前先对企业情况作一个大致的了解，包括调查对象的名称、职能、年限、目前状况、故障状况和应采取的行动等项目，这样能达到更好的检查效果；风险人员对所关注的问题要具备一定的感性认识同时还要关注那些并不明显的细节，这样则更容易发现主体的风险事项。现场调查中要注意带上专业管理人员，并且带上必备专业工具，还有照相机或录音笔之类便于记录现场情况的设备。

5. 保单对照法

保单对照法，是将保险公司现行出售的保单风险种类与风险分析调查表融合修改而成的，用于风险识别的问卷式表格，风险管理者可以根据这一表格与主体已有的保单加以对照分析，发现现存的风险事项。保单对照法是从保险的角度，由保险专家设计，突出了对风险管理主体可保风险的调查，而对一些不可保风险事项的识别则具有相当的局限性。另外这种方法的使用要求风险管理人员具有丰富的保险专业知识，并对保单性质和条款有较深的了解。

6. 其他方法

风险事项管理人员不能一直依靠企业的其他人员来报告企业里正在发生的一切，风险管理人员必须一直保持对新的、变化中的风险警惕，而经常检查关键文档就是一个好方法。关键文档包括：董事会会议的详细记录、资金申请表、公司指南、年度报告等，这些文件提供的信息并非详尽，却是风险管理中使用最为频繁的信息资源。

面谈也是另外一个有利于风险事项识别的重要信息资源。许多信息没有记录在文档文件里面，而只存在于经营管理人员和员工的头脑里。与不同层次不同领域的员工面谈以便增加识别潜在风险事项的信息资源。一般情况下，可以考虑和以下人员进行面谈：经营部门经理、首席财务官、法律顾问、人力资源部门经理、基层护理人员、工人和领班、外部人员等。与一般基层工人的谈话可以发现一些不安全的设备和操作方法，这些问题在正规的报告里面是不会反映出来的，而通过与高层管理者的面谈，风险防范人员可以知道最高管理层可以容忍的纯粹风险程度（即企业可以部分或全部消化的风险），以及希望转移的风险。

企业事项识别的方法很多，各有其优缺点和适用条件，没有绝对的适用所有事项识别的方法，所以风险主体要考虑事项识别方法的适用性。主体不同，事项识别的方法也不同，试图用其中一种方法来识别主体所面临的所有事项是不现实的。因此要根据主体单位的性质、规模及每种方法的适用性结合使用，风险管理人员还要根据实际条件选择最优的事项识别方法或方法组合。事项识别是一个连续不断的、系统的过程，事项识别方法既关注过去，也着眼将来，仅凭一两次有限的分析不能解决所有的问题，许多复杂的和潜在的事项要经过多次识别才能获得最佳效果。

三、风险应对

（一）风险应对的概念

风险应对，是指在风险分析的基础上，针对企业所存在的风险因素，根据风险分析的原则和标准，运用现代科学技术知识和风险管理方面的理论与方法，提出各种风险解决方案，经过分析论证与评价从中选择最优方案并予以实施，来达到降低风险目的的过程。

（二）风险应对策略

《企业内部控制基本规范》第三章第二十六条规定，"企业应当综合运用风险规避、风险降低、风险分担和风险承受等风险应对策略，实现对风险的有效控制"。风险应对的具体策略，见表2-1。

表2-1 风险应对策略

风险规避	完全放弃
	中途放弃
	改变条件
风险降低	损失预防
	损失抑制
风险转移	保险
	财务型非保险转移
	控制型非保险转移
风险承受	接受
	计划

1. 风险规避

风险规避（risk avoidance）是企业对超出风险承受度的风险，通过放弃或者停止与该风险相关的业务活动以避免和减轻损失的策略。风险规避能将特定风险造成的各种可能损失完全消除，因此，也有人将其称为最彻底的风险管理技术。

（1）风险规避的方式。

第一，完全放弃，是指企业拒绝承担某种风险，根本不从事可能产生某些特定风险的活动。例如，某IT企业打算开展软件外包业务，但是发现市场上开展此类业务的企业之间竞争极其激烈，于是该IT企业考虑完全放弃开展软件外包业务的计划。

第二，中途放弃，是指企业终止承担某种风险。例如，一个经销家庭日用品的企业在经销小儿麻痹疫苗的过程中发现，有缺陷的小儿麻痹疫苗在某些情况下会导致小儿麻痹症，于是决定终止这种经销活动，以免引发该产品责任索赔案。这种风险规避通常与环境的较大变化和风险因素的变动有关，由于发生了新的不利情况，经过权衡利弊后，认为得不偿失，故而放弃。

第三，改变条件，是指改变生产活动的性质、改变生产流程或工作方法等。其中，生产性质的改变属于根本的变化。例如，梧州电子仪器厂在开发生产高频接插件时，如果选择从日本引进全套设备，需要投资 800 万元，企业难以承受由此带来的财务压力，于是，企业采取逐步改变条件的策略，先投资 200 万元，引进散件和后续工序设备，待收回投资后再成套引进，最终使新产品开发获得成功。

【案例】

瓷爵士的风险规避策略

2016 年 6 月 8 日，温州瓷爵士科技股份有限公司（瓷爵士）发布《温州瓷爵士科技股份有限公司重大资产重组预案》，拟将旗下的 P2P 平台——浙江温商贷互联网金融服务有限公司 100% 的股权出售给控股股东李山投资集团有限公司。对于此次股权变更，瓷爵士表示，此举是为了规避互联网金融业务带来的经营风险和财务风险。

根据此前全国中小企业股份转让系统公告，私募基金管理机构按照相关监管要求整改后，符合创新层标准的，可以进入创新层，而小额贷款公司、融资担保公司、融资租赁公司、典当行、商业保理公司及互联网金融等特殊行业挂牌公司，在相关监管政策明确前，暂不进入创新层。对申请挂牌的公司虽不属于该类企业，但其持有该类企业的股权比例在 20% 以上（含 20%）或为第一大股东的也暂不受理，对已受理的，予以终止审查。

在此条件下，为了不制约温商贷与瓷爵士的发展，也为了规避互联网金融业务带来的经营风险和财务风险，瓷爵士才决定将温商贷 100% 的股权转让给李山投资集团。

（2）风险规避的优点和局限性。

风险规避是通过中断风险源，规避可能产生的潜在损失或不确定性，是处理风险的一种有用的、极为普遍的方法。风险规避也是风险应对策略中最简单亦较为消极的方法。比如，一家企业为了避免企业出现坏账的风险而拒绝在任何情况下的赊销行为，即在规避该种风险的情况下，企业同时也失去了从风险中获益的可能性，更何况有些风险根本无法避免。因此，风险规避的适用范围受到一定限制。

有些风险无法规避，对企业而言，有些基本风险如世界性的经济危机、能源危机、自然灾害等绝对无法规避；有些风险可以规避但成本过大，即对某些风险即使可以避免，但就经济效益而言也许不合适。

消极地避免风险，只能使企业安于现状，不求进取。一家企业固然可以借着不从事任何营业行为而避免风险，但从整体情况来看，一家企业没有营业行为自然也就没有营业收入，当然也就无法赚取利润，获得发展。

（3）风险规避的适用范围。

最适合采用风险规避策略的情况有以下两种：第一种，某种特定风险所致的损失概率和损失程度相当大。第二种，应用其他风险处理技术的成本超过其产生的效益，采用风险规避方法可使企业受损失的程度降到最低。

2. 风险降低

风险降低（risk reduction）是企业在权衡成本效益之后，准备采取适当的控制措施降低风险或者减轻损失，将风险控制在风险承受度之内的策略。风险降低的目的在于积极改善风险特性，使其能为企业所接受，从而使企业不丧失获利机会。因此，相对于风险规避而言，风险降低是较为积极的风险处理策略。

风险降低依目的的不同可以划分为损失预防和损失抑制两类。前者以降低损失概率为目的，后者以缩小损失程度为目的。如汽车安全气囊的装设是损失预防措施，而火灾警报器和自动喷淋系统则是损失抑制措施。

（1）损失预防。

损失预防是指在损失发生前，为了减少或消除可能引起损失的各项因素所采取的具体措施，也就是消除或减少风险因素，以便降低损失发生的概率，即做到预先防范。损失预防与风险规避的区别在于，损失预防不消除损失发生的可能性,而风险规避则使损失发生的概率为零。

例如,某建筑公司要盖一幢大楼,在施工合同签订时,明确索赔权利,防止违约;项目施工前,建立安全规程和制度,并对员工进行安全教育,防止事故发生;楼房交付使用前,得到相关部门的验证审批及相关责任人签字盖章,明确责任,防止交付后不必要的麻烦。

(2)损失抑制。

损失抑制,是指在事故发生过程中或事故发生后,采取措施减少损失发生范围或损失程度的行为。如通过给计划提供支持性的证明文件并授权合适的人做决策,应对偶发事件。

【案例】

呷哺呷哺的鸭血危机应对策略

2015年3月15日,CCTV新闻频道播出了题为"北京鸭血9成是假的"的报道,记者抽样调查显示呷哺呷哺等火锅企业售出的鸭血产品中检测出猪源性成分。3月26日,北京市大兴区食品药品监督管理局在呷哺呷哺总部对"3•15"当晚封存的鸭血产品进行了解封。3月30日,呷哺呷哺收到北京市食品药品监督管理局抽检鸭血的书面检测报告,正式宣告未检出猪源性成分。尽管最后结果证实,这只是一场乌龙事件,但是呷哺呷哺在整个事件发生过程中的风险应对策略仍然值得借鉴。

事件一发生,呷哺呷哺就立刻启动了紧急预案。3月15日当天19:21通知三个大区、九个省市的近500家门店停售鸭血。3月16日早7点,将产品运回呷哺呷哺总部封存检测,当天20:40,率先发布企业声明,表明态度,当天21:05发布停售信息及媒体沟通渠道信息,安排专人处理媒体征询。一时间,疑似产品从市面消失,媒体和群众也有了与企业的正规沟通途径。正是这种积极、健康、及时、处变不惊的应对,使得呷哺呷哺瞬间争取到了整个事件的主动权。

与此同时,呷哺呷哺总部和门店也积极配合各地政府部门的检查、取样,提供了全面、完善、翔实的供应商资质证明、进销存台账记录和品质检验报告。呷哺呷哺还进一步澄清，详述事实，并表明其"坚持品质，对消费者负责，并诚恳感谢舆论监督"的立场与态度。同时借力推广，推出了"安心鸭血免费试吃"，任意现金消费即送鸭血的活动，使得谣言不攻自破。最终，呷哺呷哺凭借其专业的风险应对措施提高了知名度，并赢得了民众的好感与信任。

事实上，一项风险降低的实践计划往往将损失预防和损失抑制两者结合起来，从而做到更有效地降低风险。比如，美国在20世纪70年代采取了限制高速公路车速的风险管理措施，一方面由于限制车速减少了车祸发生的概率，另一方面因为司机有更多的时间认识风险，同时又减少了车祸发生时或发生后的损失程度。

3. 风险分担

风险分担（risk sharing）又称风险转移，是企业准备借助他人力量，采取业务分包、购买保险等方式和适当的控制措施，将风险控制在风险承受度之内的策略。风险分担是一种事前的风险应对策略，即在风险发生前，通过各种交易活动，如业务外包、购买保险、租赁等，把可能发生的风险转移给其他人承担，避免自己承担全部风险损失。通过分担方式应对风险，风险本身并没有减少，只是风险承担者发生了变化。

风险分担的方式主要可以分为3种：财务型非保险转移、控制型非保险转移和保险转移。

（1）财务型非保险转移

财务型非保险转移，是指利用经济处理手段转移经营风险。比较常用的手段有保证、再保证、证券化、股份化等。

①保证。保证是保证人与被保证人通过某种契约签署的，为使保证人履行相关义务以确保被保证人合法的既得利益的文件，其中有执行合约双方应尽责任的要求，如有违背，保证可能被取消或作相应调整。

②再保证。由于事项重大，为使被保证人的利益切实得到保护，在"保证"的基础上，由实力或声望更高的团体或个人通过合约或契约对

被保证人所做的承诺。

③证券化。利用可转换债券、双汇率债券等金融工具方式，满足投资人、筹资方利益的需要，这是一种双赢的风险转移。

④股份化。它又叫公司化，指通过发行股票的方式，将企业风险转嫁给多数股东，这种操作实际上只是分散原始股东的风险，增强了企业抵抗风险的能力，而企业的运营风险并未得到转移。

（2）控制型非保险转移

控制型非保险转移是通过契约、合同将损失的财物和法律责任转嫁给他人，从而解脱自身的风险威胁。常用的方法有外包、租赁、出售、售后回租等。

①外包。又称转包或分包。转让人通过转包或分包合同，将其认为风险较大的业务转移给非保险业的其他人，从而将相应的风险全部或部分转移给承包人。

②租赁。出租人通过合同将有形或无形的资产交给承租人使用，承租人交付一定租金，承租人对所租物只有使用权。

③出售。通过买卖契约将与财产或活动相关的风险转移给他人。

④售后回租。这是将出售和租赁合并操作的风险转移方式。为避免错过市场行情或由于资金紧张将资产整体卖掉，然后租回部分资产。

（3）保险转移

保险，是指通过签订保险合同，向保险公司缴纳一定的保险费，在事故发生时就能获得保险公司的赔偿，从而将风险转移给保险公司。采用保险的方式，一方面，风险转移到保险公司之前，投保人须履行其义务，有责任缴付保险金；另一方面，当损失出现时，保险公司将会代替投保人承受因风险所带来的损失。企业对于自身不能控制、无法通过抑制实现转移的风险，或者根据外部与内部环境的变化对风险控制效果有一定的担忧时，可以采用投保的方式转移风险。控制型、财务型风险转移与保险型风险转移的比较见表2-2。

表2-2 控制型、财务型风险转移与保险型风险转移的比较

风险转移	控制型、财务型	保险型
优点	①适用对象广泛，既可以是纯粹风险，也可以是投机风险；既可以是可保风险，也可以是不可保风险。 ②直接成本低。 ③操作手法灵活多样。	①合同条款经过严密的审核。 ②保证系数大、重大事项的投保可能有再保险的保证。 ③损失保证相对确定。
局限	①由于受让人能力限制，操作和面临损失时，存在一定的不确定性。 ②有关法律许可的限制。 ③合同条文理解的差异，有时会引起经营效率与效果的问题。	①受到合同条款的严格限制。 ②费用相对高。
使用条件	①以双赢为目的的合作关系。 ②契约当事人对相关内容必须理解，争取一致。 ③受让人有能力并愿意承担财务和法律责任。	保险机构规定的业务事项。

【案例】

绝缘材料企业的保险转移策略

2013年4月，广东某绝缘材料生产企业上胶机车间发生火灾事故，致使4条生产线全部烧毁，厂房、装修、存货、营业收入等不同程度受损。在查勘、定损的过程中，中银保险有限公司快速预赔1000万元，并于9月结案后赔付5080万元，共计赔付财产一切险（附加营业中断险)6080万元。

本次火灾是该企业成立以来遭受的最严重的一次事故，对企业造成的直接及间接损失巨大，足以影响其作为上市公司的市场价值，但由于企业已经将风险转移给了保险公司，才将这场灾难对企业的影响程度降到了最低。

4. 风险承受

风险承受（risk acceptance）是企业对风险承受度之内的风险，在权衡成本效益之后，不准备采取控制措施降低风险或者减轻损失的策

略。风险承受是一种风险财务技术，企业明知可能有风险发生，但在权衡了其他风险应对策略之后，出于经济性和可行性的考虑将风险留下，若出现风险损失，则依靠企业自身的财力去弥补风险所带来的损失。风险承受的前提是自留风险可能导致的损失比转移风险所需代价小。

风险承受对策包括非计划性风险承受和计划性风险承受两种。非计划性风险承受是非计划的和被动的，主要是由于风险识别过程的失误、风险的评价结果认为可以忽略、风险管理决策延误等原因造成的。如果在风险管理规划阶段已对一些风险有了准备，当风险事件发生时马上执行应急计划，自留风险就是计划性风险承受。风险自留的计划性主要体现在风险自留水平和损失支付方式两方面。风险自留水平，是指选择风险事件作为风险自留的对象。确定风险承受的水平可以从风险发生的概率及损失期望值大小的角度考虑，一般应选择风险发生概率小、损失期望值小的风险事件作为风险自留的对象。损失支付方式，是指风险承受应预先制订损失支付计划。常见的损失支付方式有从现金净收入中支出；建立非常基金储备；建立风险准备金等。

在决定是否选择风险承受时，应考虑以下原则：（1）企业具有承受这些自留风险的能力；（2）同其他可行的风险应对策略相比，风险承受的预期损失较小。应用风险承受策略还应考虑到，风险的意外性扩大而使企业面临着更加严重的损失。甚至在极端情况下，风险承受可能使企业承担巨大风险，以至于可能危及企业的生存和发展。

风险承受策略的优点有：（1）成本较低。承受风险可以使企业直接避免许多费用支出。（2）控制理赔进程。相对保险复杂的理赔过程及不能使企业满意的赔偿金额，风险承受避免了保险在理赔工作上的不及时和对企业恢复生产的延误。（3）提高警惕性。在采用风险承受策略的情况下，企业更加注重损失控制，会尽可能减少损失发生的概率和损失的严重程度。（4）有利于货币资金的运用。损失发生前，可以将不必支出的应急费用（如其他策略下的保险费用）用于生产经营，并获得一定的效益。

  应用风险承受策略也存在一些弊端：(1) 可能的巨额亏损。在特殊情况下，例如，发生自然灾害等，采用风险承受策略可能使企业面临承担巨额风险损失的危险。(2) 可能产生更高的成本费用。在承受风险策略下，企业往往需要聘请专家进行指导和评估，在某些情况下，可能比采用其他策略支出的费用更大。(3) 获得服务的种类和质量受限制。由于企业自身实力有限，当采用风险承受策略时，本来由保险公司提供的一些专业化服务就失去了作用。(4) 可能造成员工关系紧张。例如，为企业职工安排福利补偿的问题，无论如何处理，在很多情况下都会有员工认为不公平，造成企业员工关系紧张。而如果通过企业外部保险公司来处理，则会避免该类情况的发生。

第三节 控制活动

一、不相容职务分离控制
（一）不相容职务分离控制的定义

《企业内部控制基本规范》第二十九条规定，"不相容职务分离控制要求企业全面系统地分析、梳理业务流程中所涉及的不相容职务，实施相应的分离措施，形成各司其职、各负其责、相互制约的工作机制"。不相容职务分离控制的核心是内部牵制。不相容职务分离控制贯穿于企业经营管理活动的始终，是企业防范风险的重要手段之一。

不相容职务是指某些如果由一个部门或者一名员工担任，那么该部门或者员工既可以弄虚作假，又能自己掩饰舞弊行为的职务。这些职务通常包括：授权、批准、业务经办、会计记录、财产保管、稽核检查等。例如，某企业的出纳人员同时兼任货币资金的稽核与会计档案的保管，这就违反了不相容职务相分离的原则。如果该员工伪造签名，贪污企业的款项，他就有可能隐瞒对贪污款项的支票记录，使得舞弊行为被隐瞒而不被发现。可见，这3项职务必须由3个员工分别担任以便进行控制。

（二）不相容职务分离的内容

企业在内部机构设置时应体现不相容岗位相分离的原则，特别是在涉及重大或高风险的业务处理程序时，必须考虑建立各层级、各部门、各岗位之间的分离和牵制。对于因机构人员较少且业务简单而无法分离处理的某些不相容职务，企业应当制定切实可行的替代控制措施。企业应当遵循不相容职务相分离的原则，综合考虑企业性质、发展战略、文化理念和管理要求等因素，形成各司其职、各负其责、相互制约、相互协调的工作机制，并确定具体岗位的名称、职责和工作要求等，明确各个岗位的权限和相互关系。

概括而言，不相容职务分离控制是经济业务的可行性研究与执行要分离，决策审批与执行要分离，执行与记录、监督要分离，物资财产的保管与使用、记录要分离。根据大部分企业的经营管理特点和一般业务性质，需要分离的不相容职务主要有以下 6 种：（1）可行性研究与决策审批相分离；（2）业务执行与决策审批相分离；（3）业务执行与审核监督相分离；（4）会计记录与业务执行相分离；（5）业务执行与财产保管相分离；（6）财产保管与会计记录相分离。

【案例】

财务人员舞弊案频发加强内控刻不容缓

日前，一则发生在秦皇岛市的企业财务主管贪污舞弊案件引起了人们的关注。近几年来，企业财务人员贪污舞弊案件时有发生，每每都会给当事企业造成极大的损失。这不禁令人纳闷，此类案件为什么会屡屡发生？这些企业在内部控制方面存在哪些漏洞和不足？

2016 年 4 月，秦皇岛市公安局海港分局海港派出所成功破获一起涉案逾 2000 万元的特大职务侵占案。4 月 21 日晚，海港分局海港派出所接到辖区内京德汽车销售有限公司 4S 店负责人报案，称其公司名下的分公司启晨汽车 4S 店出现 2000 余万元不明亏空，财务主管赵某存在职务侵占重大嫌疑。鉴于案情复杂，涉案金额巨大，接到报案后，海港派出所立刻开展了案件调查工作。

民警依法对嫌疑人赵某进行了传唤，并及时调取了京德汽车销售有限公司启晨汽车 4S 店 1000 余份账目清单，经过近 24 小时马不停蹄的讯问和调查取证工作，最终掌握了嫌疑人赵某自 2014 年 3 月至今先后 197 次侵占或挪用公司财务款项 2020 余万元的违法犯罪事实证据。经讯问，嫌疑人赵某交代了其于 2013 年年底迷上网络赌博，在入不敷出的情况下，发现网络银行交易具有延迟显示的特点，自 2014 年 3 月起利用担任启晨汽车 4S 店公司财务主管之便，以先侵占及挪用实收现金，后在账本中将其记录为刷卡消费的手段，先后 197 次侵占及挪用公司巨额款项用于网络赌博及消费的违法犯罪事实。

无独有偶，2015 年 12 月，广西壮族自治区柳州市柳江区也发生了一起同样性质的案件。某公司原财务主管兼会计卓某利用职务之便，在不到 4 年的时间里侵占公司 759 万余元。柳江区法院对卓某职务侵占一案进行宣判，依法判处其有期徒刑 15 年，并处没收个人财产 20 万元；责令其退赔柳州市某机械有限公司损失 759 万余元；查封卓某位于柳州市白沙路的房屋两套，扣押其奥迪牌汽车一辆。

据悉，柳州市柳江区某机械有限公司在 2004 年成立，卓某自公司成立就担任会计。随着公司规模扩大，深受领导信任的卓某被委任为公司的财务主管兼会计，负责公司的账目管理、员工工资发放及税款申报工作。自 2010 年开始，卓某开始沉迷于购买地下六合彩之中，并且购买金额越来越大，输得也越来越多，于是他利用职务便利，通过虚报工资等手段侵占公司资金，后又利用虚报应缴税额等方式将公司的资金占为己有。在随后近 4 年的时间里，卓某利用职务便利侵占公司的资金，还购买了房屋、商铺、汽车，将公司的资金挥霍一空。2014 年 1 月，公司新聘的财务会计进行核账，才发现资金异常。经过核查，发现卓某涉嫌侵占公司资金 700 多万元。当年 6 月，畏罪潜逃的卓某在南宁被警方抓获。

上述案例中的企业存在不相容职务未分离、内部审计和监督工作缺失、管理体制不完善等问题。企业内部控制制度规定得很明确，管钱的员工不能管账，即企业的现金和财务账目一定要分开管理，而在第一个案例中，收款员收取现金后交给了会计，再由会计送交银行。会计将现金据为己有，在账目上记录为刷卡结账。这样，就造成了账目有相应的记录，而实际的款项却并没有到位的现象。

二、授权审批控制

（一）授权审批控制的定义

根据《企业内部控制基本规范》第三十条的规定，授权审批控制要求企业按照授权审批的相关规定，明确各岗位办理业务和事项的权限范围、审批程序和相应责任。企业内部各级管理人员必须在授权范围内行使职权和承担责任；业务经办人员必须在授权范围内办理业务。完善的授权审批控制有助于明确权利和义务，层层落实责任，层层把关，最大限度地避免经营风险的发生。毫无疑问，授权审批控制也是防范企业风险的一种重要手段。

（二）授权控制

清晰的权限指引可使不同层级的员工明确该如何行使并承担相应责任，也利于事后考核评价。"授权"表明了企业各项决策和业务必须由具备适当权限的人员办理，这一权限通过公司章程约定或其他适当方式授予。企业内部各级员工必须获得相应的授权，才能实施决策或执行业务。

1. 授权的种类

（1）常规授权。

常规授权是指企业在日常经营管理活动中按照既定的职责和程序进行的授权，用以规范经济业务的权力、条件和有关责任者，其时效性一般较长。这种授权可以在企业正式颁布的岗（职）位说明书中予以明确，或通过制定专门的权限指引予以明确。如销售部门确定销售价格的权力、财务部门批准费用报销的权力。常规授权的范围不宜太大，也不可太小，如果常规授权的范围太大，会使企业领导失去对重要业务的控制，从而冒较大的经营风险。因此，常规授权过大会削弱内部控制制度。反之，如果常规授权范围过小，凡事需要请示、批准，使常规授权名存实亡，也会削弱管理人员的工作积极性和责任心，从而对企业经营管理产生不利影响。

（2）特别授权。

特别授权一般是由董事会给经理层或经理层给内部机构及其员工授予处理某一突发事件（如法律纠纷）、作出某项重大决策、代替上级处理日常工作的临时性权力。

2. 授权控制的基本原则

（1）授权的依据——依事而不是依人。

企业应该本着有利于实现战略目标，有利于资源配置的目的来设置职务并进行授权，而不是仅凭被授权者的能力。如果因人授权，虽然充分考虑了被授权人的知识与才能，但不能确保职权被授予了最合适的人员，不利于企业目标的实现。

（2）授权的界限——不可越权授权。

授权者对下级的授权，必须在自己的权力范围内，不能超越自己拥有的权限进行授权。

（3）授权的"度"——适度授权。

授权过程中对于"度"的把握是授权控制成败的关键，既不能贪恋权力，不愿下放，也不能过度授权。权力下放不到位会直接影响下级部门的工作效率和积极性；而过度授权则等于放弃权力，甚至出现滥用职权的现象。正确的做法是将下级在行使职责时必需的权力下放，并且做到权力和责任相匹配。对于重大事项的权限，不可轻易下放。

（4）授权的保障——监督。

相关人员在授权后应该给予适当的监督。如果放任不管，可能发生越权或滥用职权的行为；如果常加干涉，则授权形同虚设，不利于调动下属的主动性和创造性。对授权进行监督的重点是防止下级越权操作和"先斩后奏"的行为。

3. 授权的形式

授权一般以两种形式存在，即口头授权和书面授权。

（1）口头授权。

口头授权，是上级领导利用口头语言对下属进行工作交代，或者是上下级之间根据会议所产生的工作分配。这种授权形式一般适合于临时性与责任较轻的任务。

（2）书面授权。

书面授权，是上级领导利用文字形式对下属工作的职责范围、目标任务、组织情况、等级规范、负责办法与处理规程等进行明确规定的授权形式。这种授权形式适合比较正式与长期的任务。

企业应当尽量采用书面授权的形式明确相关人员的权限和责任界限，以避免出现口头授权形式下误解权责范围、滥用职权，以及出事之后相互推诿、无法问责等情况的发生。

（三）审批控制

1. 审批控制的原则

（1）审批要有界限——不得越权审批。

越权审批就是超越被授权权限进行审批，通常表现为下级行使了上级的权力。如资金的调度权按规定属于总会计师，但总经理直接通知出纳将资金借给其他企业就属于越权审批的行为。

（2）审批要有原则——不得随意审批。

审批控制的目的是保证企业的所有行为有利于经营效果和效率的提高，最终实现控制目标。因此，即便审批人有一定的审批权限，也不能随意批准，而应该依据企业的有关预算、计划或者决议进行。在审批中，应贯彻集体决策的原则，实行集体决策审批或者联签制度。在综合正反两方面意见的基础上进行决策，而不应由少数人主观决策。

2. 审批的形式

同授权的形式一样，审批也应该尽量采用书面形式，采用书面形式既可以方便上级进行批示，又可以避免口说无凭，责任不清。此外，还便于监督检查人员对该活动的监控。

3. "三重一大"制度

对于重大决策、重大事项、重要人事任免及大额资金支付业务等，企业应当按照规定的权限和程序实行集体决策审批或者联签制度。任何个人不得单独进行决策或者擅自改变集体决策意见。

具体来讲，"三重一大"事项决策审批程序如下：

（1）"三重一大"事项提交会议集体决策前应当认真调查研究，提前告知所有参与决策人员，并为所有参与决策人员提供相关材料，经过必要的研究论证程序，充分吸收各方面意见，如重大的投融资项目应事前充分听取相关专家的意见；重要的人事任免应该事先征求相关企业主要投资者等主要利益相关者的意见；关于企业改制等关系企业员工切身利益的重大事件，应当听取企业工会的意见，并通过职工代表大会或者其他形式听取职工群众的意见和建议。

（2）企业应当以会议的形式，对职责权限内的"三重一大"事项作出集体决策。不得以个别征求意见等方式作出决策。紧急情况下由个人或少数人临时作出决定的，事后应及时向相关领导部门报告；临时决定人应当对决策情况负责，相关负责部门应当在事后按程序予以追认。

（3）决策会议的召开需要符合相关规定的人数。与会人员应充分讨论并发表意见，主要负责人应当最后发表总结性意见。若会议涉及多个事项，则应逐项研究决定。若存在严重分歧，一般应当推迟作出决定。会议决定的事项、过程、参与人及其意见、结论等内容，应当完整、详细记录并存档备查。

（4）决策作出后，企业应当及时向股东或履行出资人职责的机构报告有关决策情况；企业负责人应当按照分工来组织实施，并明确责任部门和责任人。参与决策的个人对集体决策有不同意见的，可以保留或者向上级反映，但在没有作出新的决策前，不得擅自变更或者拒绝执行。如遇特殊情况需对决策内容做重大调整，则应当重新按规定履行决策程序。

（5）建立"三重一大"事项决策审批的回避制度和决策考评制度；逐步健全决策失误纠正机制和责任追究制度。

【案例】

合理授权明确责任

A集团公司（A集团）总部设在上海，总部职能部门包含技术中心、市场营销部、人力资源部、法务部、后勤部、资讯部、会计部、财务部、内审部等，A集团下设纸厂事业部、浆厂事业部和林务事业部，事业部的总经理为第一负责人，事业部职能部门的设置基本与总部职能部门的设置一致。纸厂事业部、浆厂事业部下不再设置事业区，林务事业部下设若干事业区，分管若干省市区的林务工作。A集团公司林务分部的核决权限表共规定了十大类权限事项，分别为经营管理类、人力资源类、财会管理类、资材管理类、生产管理类、木材销售管理类、林地管理类、行政总务类、法务管理类及采购管理类。在每大类下又分设若干控制点，例如经营管理类下有七个控制点，分别为规章制度、投资开发、预算、内部稽核、环保、林木保险及林政案件结案。

该集团公司并非采取因人设职的方式，而是依照管理和实现经营目标的需要设置职务。授权时根据下属能力的高低来决定授权，在授权前细致地分析本组织的任务及任务的难易程度，确保将职权授予最适合的人员。属于林务事业部职责范围内的事务，则由林务事业部相关人员予以核决；属于浆厂事业部职责范围内的事务，则由浆厂事业部相关人员予以核决，分工明确。在木材销售管理类有关佣金方面的规定中：金额大于100000元的，应由总裁或总裁助理进行核决；金额小于或等于100000元的，由林务事业部总经理进行核决；金额小于或等于10000元的，由事业区总经理进行核决即可。

三、会计系统控制

（一）会计系统控制的定义

会计系统是指企业为了汇总、分析、分类、记录、报告公司交易等而建立的方法和记录的工作系统，它对内向管理层提供经营管理的信息，对外向投资者、债权人等提供相关的决策信息。

会计系统控制，是指利用记账、核对、岗位职责落实和职责分离、档案管理、工作交接程序等会计控制方法，确保企业会计信息真实、准确、完整。会计系统控制贯穿于企业整个经营管理活动，在控制投资业务、筹资业务、销售业务、担保业务、外包业务等风险方面发挥了重要的作用。根据我国《企业内部控制基本规范》第三十一条的规定，"会计系统控制要求企业严格执行国家统一的会计准则制度，加强会计基础工作，明确会计凭证、会计账簿和财务会计报告的处理程序，保证会计资料真实完整"。

（二）会计系统控制的方法

1. 会计凭证控制

会计凭证控制，是指在填制或取得会计凭证时实施的相应控制措施，包括原始凭证与记账凭证的控制。会计凭证控制的内容主要包括：（1）严格审查。对取得的原始凭证要进行严格的审查，对不符合要求的原始凭证予以退回。（2）设计科学的凭证格式。凭证格式应当符合规定要求，便于核算与控制。做到内容及项目齐全，能够完整地反映业务活动的全貌。（3）连续编号。对记载经济业务的凭证按照顺序统一编号，确保每项经济业务入账正确，合理、合法。（4）规定合理的凭证传递程序。各个部门应当按照规定的程序在规定期限内传递流转凭证，确保经济业务得到及时的反映和正确的核算。（5）明确凭证装订与保管手续。凭证传递完毕，各个部门有关人员应当按照顺序，妥善保管，定期整理归档，按照规定存放保管，以备日后查验。

2. 会计账簿控制

会计账簿控制,是指在设置、启用及登记会计账簿时实施的相应控制措施。其具体内容包括:(1)按照规定设置会计账簿。(2)启用会计账簿时要填写"启用表"。(3)会计凭证必须经过审核无误后才能够登记入账。(4)对会计账簿中的账页连续编号。(5)会计账簿应当按照规定的方法和程序登记并进行错误更正。(6)按照规定的方法与时间结账。

3. 财务报告控制

财务报告控制,是指在编报财会报告时实施的相应控制措施。其具体内容包括:(1)按照规定的方法与时间编制及报送财务报告。(2)编制的会计报表必须由单位负责人、总会计师及会计主管人员审阅、签名并盖章。(3)对报送给各有关部门的会计报表要装订成册、加盖公章等。

4. 会计复核控制

会计复核控制,是指对各项经济业务记录采用复查核对的方法进行的控制,其目的是避免发生差错和舞弊,保证财务会计信息的准确与可靠,及时发现并改正会计记录中的错误,做到证、账、表记录相符。会计复核控制的内容主要包括:(1)凭证之间的复核。(2)凭证与账簿之间、账簿与报表之间及账簿之间的复核。会计复核工作应由具有一定会计专业知识、熟悉业务、责任心强、坚持原则的人员担任。复核人员必须对会计凭证、会计账簿、财务会计报表和所附单据认真审查、逐笔复核,复核过的凭证及账表应加盖名章。未经复核人员复核的,出纳人员不得对外付款,会计人员不得对外签发单据或上报报表。

(三)会计系统控制的内容

1. 会计准则和会计制度的选择

企业管理层应当依据企业具体情况选择适用的会计准则和相关会计制度。例如根据规模和行业性质,分别采用《企业会计准则》《企业会计制度》《小企业会计准则》等。

2. 会计政策选择

企业的会计政策，是指企业在会计确认、计量和报告中采用的原则、基础和会计处理方法。企业管理层应当以真实、公允地反映企业状况为标准来选择适当的会计政策，变更会计政策时要说明合理变更的原因。

3. 会计估计确定

会计估计，是指企业对其结果不确定的交易和事项以最近可利用的信息为基础所作出的判断。企业管理层需要依据企业的真实情况，作出合理的会计估计。若资产和负债的当前状况及预期未来经济利益和义务发生了变化，则会计估计也需要作出相应改变。

4. 文件和凭证控制

企业应当对经济业务文件进行记录并且相关的凭证需要连续编号，避免业务记录的重复或遗漏，同时也便于业务查询，并在一定程度上防范舞弊行为的发生。例如，企业对产品出入库单预先编号，这样可以有效控制产品的流动，不会出现产品的无故短缺。

5. 会计档案保管控制

会计档案是指会计凭证、会计账簿和财务报表等会计核算专业资料，是记录和反映企业经济业务的重要历史资料和证据。企业应当详细记录且妥善保管合同、协议、备忘录、出资证明等重要的法律文书，作为企业重要的档案资料以备查用。

6. 组织和人员控制

企业应当依法设置会计机构，配备会计从业人员。从事会计工作的人员，必须取得会计从业资格证书。会计机构负责人应当具备会计师以上专业技术职务资格。大中型企业应当设置总会计师。设置总会计师的企业，不得设置与其职权重叠的副职。

7. 建立会计岗位制度

企业应根据自身规模大小、业务量多少等具体情况设置会计岗位。一般大中型企业设置会计主管、出纳、流动资产核算、固定资产核算、投资核算、存货核算、工资核算、成本核算、利润核算、往来核算、总账报表、稽核、综合分析等岗位。小型企业因业务量较少，应适当合并减少部分岗位。这些岗位可以一人一岗、一人多岗，也可以一岗多人，但出纳人员不得兼任稽核、会计档案保管和收入、费用、债权债务账目的登记工作。

8. 业务流程控制

企业应当采用业务流程图的形式清晰反映其业务流程（业务流程图是由特定的符号组成，反映业务处理程序及部门之间相互关系的图表，它既是企业管理的有效工具，也是评价企业内部控制的重要手段），使得员工能够充分理解企业的业务流程，从而清楚自己在整个业务流程中的地位，采取适当的工作方式实现自己的岗位责任。

【案例】

构建会计系统控制提高企业经营效率

哈药集团是拥有两家国内上市公司（哈药股份、三精制药）和27家全资、控股和参股企业，融医药生产、科研、贸易为一体的大型综合性医药企业集团。由于集团公司下属企业数目众多，各下属公司具体情况相差悬殊，如何最大限度地调动各下属公司积极性，挖掘其内部发展潜力，强有力地执行集团公司业务发展战略，提高管理效率，成为公司内部控制制度的设计与高效运行的最大挑战。

哈药某厂是哈药集团有限公司的重要分公司，经济效益与经营效率均居集团公司所属各分公司、子公司前列，会计内部控制体系建设初步形成了以总部业务直管部门为线条的纵向控制与分公司内各部门统一协调的横向控制交错形成的网状控制关系。哈药某厂按照集团公司的统一要求，结合本企业实际情况，制定了本企业的会计内部控制体系。该体系针对会计核算流程中可能出现的风险，从预算管理、内部牵制、货币资金管理、信息系统管理、往来账款管理、成本管理、财务报告、税金管理、会计档案管理、内部审计制度、存货管理、固定资产管理、费用管理、财务审核14个方面设置关键控制点，形成了一套完整的会计控制系统。

通过对哈药某厂的会计核算流程进行梳理，确定了哈药某厂会计内部控制系统的14个关键风险点。

四、财产保护控制

（一）财产保护控制的定义

保证资产安全是《企业内部控制基本规范》规定的内控目标之一。《企业内部控制基本规范》第三十二条规定："财产保护控制要求企业建立财产日常管理制度和定期清查制度，采取财产记录、实物保管、定期盘点、账实核对等措施，确保财产安全"。这里所述的财产主要包括企业的现金、存货及固定资产等。它们在企业资产总额中的比重较大，是企业进行经营活动的基础，因此企业必须加强实物资产的保管控制，保证实物资产的安全与完整。

（二）财产保护控制的措施

1. 财产档案的建立和保管

企业应当建立财产档案，全面、及时地反映企业财产的增减变动，以实现对企业资产的动态记录和管理。企业应妥善保管涉及财产物资的各种文件资料，避免记录受损、被盗、被毁。由计算机处理、记录的文件材料需要有所备份，以防数据丢失。

2. 限制接触

限制接触，是指严格限制未经授权的人员对资产的直接接触，只有经过授权批准的人员才能接触资产。限制接触包括限制对资产本身的接触和通过文件批准方式对资产使用或分配的间接接触。

一般情况下，对货币资金、有价证券、存货等变现能力强的资产必须限制无关人员的直接接触。现金的保管与记账人员相分离，平时将现金放在保险箱并由出纳人员保管钥匙；支票、汇票、发票、有价证券等易变现的非现金资产一般采用确保两个人同时接近资产的方式加以控制，或在银行租用保险柜存放这些特殊资产；对于实物财产如存货、固定资产等的控制，可以让保管人员看管，或安装监视系统，采取防盗措施。

3. 盘点清查

盘点清查，是指定期或不定期地对存货、固定资产等进行实物盘点和对库存现金、银行存款、债权债务进行清查核对，资产管理上出现错误、浪费、损失或其他不正常现象，应当及时分析原因，查明责任，提出处理意见，出具清查报告，并将其结果及处理办法向企业的董事会或相关机构报告，完善管理制度。一般来说，盘点清查范围主要包括存货、库存现金、票据、有价证券及固定资产等。

【案例】

定期盘点防微杜渐

A公司为一家水处理设备公司，除总部在深圳外，全国大部分省会城市都设有分支机构进行销售和售后服务。在一次年末的内部控制核查中，该公司发现B分支机构没有执行成本管理和存货清查制度。B分支机构的库存成本居高不下，只要进行库存盘点和资产清查就能发现其中的异常情况。然而B分支机构各部门居然都视而不见，特别是仓储人员没有按公司制度履行自己的基本职责：仓库部分货品没有库存明细账及相应的进出库记录；部分货品核算只有金额账，没有库存明细数量账；还有些货物进出库记录没有登记数量明细，销售成本按估算的毛利率倒挤计算，导致最后库存盘点时，实物结存数量与按产成品总账计算出的产品单位成本超出了销售价格。

从这个案例可以看出以下两个问题：（1）该分支机构的存货台账及明细账存在着严重的问题，比如有些货品无库存明细账及相关进出库台账，有些无库存明细数量账，更为荒唐的是根据毛利率来估算销售成本。该分支机构的仓储人员应当严格按公司制度履行自己的基本职责，做好存货的收发台账；相关会计人员也应当完善存货的明细账。(2) 该分支机构并未执行总部规定的定期及不定期盘点清查制度。

A 公司要想提升整体效益和管理水平，就必须加强对 B 分支机构的控制。完善 B 分支机构的存货管理，达到财产保护控制的要求，这应是当务之急。

4. 财产保险

企业可以根据实际情况考虑，对其重要或特殊的财产投保，使得企业可以在意外情况发生时通过保险获得补偿，减轻损失程度。

五、预算控制

（一）全面预算和预算控制

1. 全面预算

全面预算，是指企业对一定期间的经营活动、投资活动、财务活动等作出的预算安排。全面预算作为一种全方位、全过程、全员参与编制与实施的预算管理模式，凭借其计划、协调、控制、激励、评价等综合管理功能，整合和优化配置企业资源，提升企业运行效率，成为促进实现企业发展战略的重要途径。

全面预算是由经营预算（也称业务预算）、资本预算与财务预算等一系列预算组成的相互衔接和钩稽的综合预算体系。

其中，经营预算是明确所有的日常经营活动如销售、采购、生产等需要多少资源及如何获得和使用这些资源的计划，如销售预算、采购预算、生产预算等；资本预算包括投资预算和筹资预算两类。资本预算是公司对将要进行的长期工程和将要引进的固定资产等的投资和筹资计划，如研究与开发预算、固定资产投资预算、银行借款预算等；财务预算是一系列专门反映公司未来一定预算期内预计财务状况和经营成果，以及现金收支等价值指标的各种预算的总称。财务预算具体包括预计资产负债表、预计利润表和现金收支预算等内容。

2. 预算控制

《企业内部控制基本规范》第三十三条规定，"预算控制要求企业实施全面预算管理制度，明确各责任单位在预算管理中的职责权限，规范预算的编制、审定、下达和执行程序、强化预算约束"。

通过预算控制，企业可以规范组织的目标和经济行为过程，调整与修正管理行为与目标偏差，保证各级目标、策略、政策和规划的实现。因此，预算控制作为管理控制系统的一种模式，是确保战略目标最终实现的一种有效机制。

（二）全面预算的作用

有效的全面预算具有以下 4 个主要作用：

1. 企业实施内部控制、防范风险的重要手段与措施

预算本身并不是最终目标，企业的最终目标是企业采取管理与控制手段来实现对企业风险的有效控制并达成企业目标，因此，全面预算的本质是企业内部管理控制的一项工具。全面预算的制定和实施过程，就是企业不断用量化的工具，使自身所处的经营环境与拥有的资源和企业的发展目标保持动态平衡的过程，也是企业在此过程中所面临的各种风险的识别、预测、评估与控制过程。因此，《企业内部控制基本规范》将预算控制列为重要的控制活动和风险控制措施，并专门制定了《企业内部控制应用指引第 15 号——全面预算》，旨在引导和规范企业加强全面预算管理各环节的风险管控。

2. 企业实现发展战略和年度经营目标的有效方法和工具

"三分战略、七分执行"，企业战略制定得再好，如果得不到有效实施，终不能实现企业的最终目标，甚至可能因实际运营背离战略目标而导致经营失败。通过实施全面预算，将根据发展战略制定的年度经营目标进行细化、分解、落实，可以使企业的长期战略规划和年度具体行动方案紧密结合，从而实现"化战略为行动"，确保企业发展目标的实现。《企业内部控制应用指引第 2 号——发展战略》中明确规定，企业应当

编制全面预算。

3. 有利于企业优化资源配置、提高经济效益

全面预算是为数不多的能够将企业的资金流、实物流、业务流、信息流、人力流等相整合的管理控制方法之一。全面预算以经营目标为起点，以提高投入产出比为目的，其编制和执行过程就是将企业有限的资源加以整合，协调分配到能够提高企业经营效率效果的业务、活动、环节中去，从而实现企业资源的优化配置，增强资源的价值创造能力，提高企业经济效益。

4. 有利于实现制约和激励

全面预算可以将企业各层级之间、各部门之间、各责任单位之间等内部权、责、利关系予以规范化、明细化、具体化、可度量化，从而实现出资者对经营者的有效制约，以及经营者对企业经营活动、企业员工的有效计划、控制和管理。通过全面预算的编制，企业可以规范内部各个利益主体对企业具体的约定投入、约定效果及相应的约定利益；通过全面预算的执行及监控，可以真实反馈内部各个利益主体的实际投入及其对企业的影响并加以制约；通过对全面预算执行结果的考核，可以检查契约的履行情况并实施相应的奖惩，从而调动和激励员工的积极性，最终实现企业目标。

（三）全面预算的实施主体

《企业内部控制应用指引第15号——全面预算》第四条指出，"企业应当加强全面预算工作的组织领导，明确预算管理体制以及各预算执行单位的职责权限、授权批准程序和工作协调机制"。企业设置全面预算管理体制，应遵循合法科学、高效有力、经济适度、全面系统、权责明确等基本原则。其实施主体一般分为全面预算管理决策机构、工作机构和执行单位3个层次。

1. 决策机构——预算管理委员会

预算管理委员会是预算管理的领导机构和决策机构，应作为预算控

制的最高级别控制主体承担监控职责。预算管理委员会成员由企业负责人及内部相关部门负责人组成，总会计师或分管会计工作的负责人应当协助企业负责人负责企业全面预算管理工作的组织领导。预算管理委员会主要负责拟订预算目标和预算政策，制定预算管理的具体措施和办法，组织编制、平衡预算草案，下达经批准的预算，协调解决预算编制和执行中的问题，考核预算执行情况，督促完成预算目标。

2. 工作机构——预算管理工作机构

预算管理工作机构履行预算管理委员会的日常管理职责，对企业预算执行情况进行日常监督和控制，收集预算执行信息，并形成分析报告。预算管理工作机构一般设在财会部门，其主任一般由总会计师（或财务总监、分管财会工作的副总经理）兼任，工作人员除了财务部门人员外，还应有计划、人力资源、生产、销售、研发等业务部门人员参加。

3. 执行单位——各责任中心

各责任中心既是预算的执行者，又是预算执行的监控者，各责任中心在各自职权范围内以预算指标作为生产经营行为的标准，同预算指标比较，进行自我分析，并上报上级管理人员以便采取相应措施。企业内部预算责任单位的划分应当遵循分级分层、权责利相结合、责任可控、目标一致的原则，并与企业的组织机构设置相适应。

（四）全面预算的流程

完整的全面预算流程主要包括预算编制、预算执行和预算考核 3 个阶段。

1. 预算编制

预算编制主要由预算编制、预算审批和预算下达 3 个方面构成。

预算编制是企业预算总目标的具体落实及将其分解为责任目标并下达给预算执行者的过程。预算编制是预算控制循环的一个重要环节，预算编制质量的高低直接影响预算执行的结果，也影响对预算执行者的绩效考评。因此，预算编制应根据企业实际需要选用合理的方法进行。

预算审批，是指企业全面预算应该按照《中华人民共和国公司法》等相关法律、法规及企业章程的规定报经审议批准。

预算下达，是指企业全面预算经过审议批准后应及时以文件形式下达执行。

企业在预算编制环节应当关注以下风险：不编制预算或预算不健全，可能导致企业经营缺乏约束或盲目经营；预算目标不合理，编制不科学，可能导致企业资源浪费或发展战略难以实现。

2. 预算执行

预算执行是全面预算的核心环节。预算执行即预算的具体实施，它是预算目标能否实现的关键。预算执行主要包括预算指标的分解及责任落实、预算执行控制、预算分析和预算调整4部分。

预算管理委员会以董事会批准的企业年预算为依据，分解预算指标，将整个企业的预算分解为各责任中心的预算，并下达给各责任中心，以此来约束和考评责任主体；各责任中心按下达的预算为依据，安排生产经营活动，并指定专门预算管理员登记预算台账，形成预算执行统计记录，定期与财务部门核对；在预算执行的过程中，对于预算内支出按照预先授权审批，对于预算外支出需要提交预算管理委员会审议；财务部门对各责任中心的日常业务进行财务监督和审核，重点是财务支出的审核，尤其是成本支出和资本支出。

企业在预算执行环节应当关注以下风险：预算缺乏刚性、执行不力，可能导致预算管理流于形式。

3. 预算考核

预算考核是对企业内部各级责任部门或责任中心预算执行结果进行评价，将预算的评价结果与预算执行者的薪酬相挂钩，实行奖惩制度，即预算激励。预算考核应该科学合理、公开公正，确保预算目标的实现，真正发挥预算管理的作用。

企业在预算考核环节应当关注以下风险：预算考核不严，也可能导致预算管理流于形式。

六、运营分析控制
（一）运营分析控制的定义

运营分析，是指以统计报表、会计核算、管理信息、计划指标和相关资料为依据，运用科学的分析方法对一段时期内的经营管理活动情况进行系统的分析研究，旨在真实地了解经营情况，发现和解决经营过程中的问题，并按照客观规律指导和控制企业经营活动。

《企业内部控制基本规范》第三十四条规定，"运营分析控制要求企业建立运营情况分析制度，经理层应当综合运用生产、购销、投资、筹资、财务等方面的信息。通过因素分析，对比分析、势分析等方法，定期开展运营情况分析，发现存在的问题，及时查明原因并加以改进"。

（二）运营分析控制的流程

运营分析控制的流程一般包括以下四个阶段：

1. 数据收集。企业各职能部门应根据本部门运营分析的目的收集相关数据，一方面在履行本部门职责过程中应注意相关数据的收集与积累，另一方面可以通过外部各种渠道（如网络媒体、行业协会、中介机构、监管部门等）广泛收集各种数据。

2. 数据处理。数据是血液，是资产，但也可能是垃圾。也就是说，不是所有的数据都能够产生有用的信息。企业各职能部门只有对数据进行有效清理与筛选，即消除噪声和删除不合格的数据，数据才能变成有用的信息。

3. 数据分析。企业各职能部门围绕本部门运营分析的目的采用各种分析方法（包括对比分析法、比率分析法、趋势分析法、因素分析法、综合分析法等）对处理后的数据进行分析，充分挖掘数据背后所隐藏的原因或规律，并对未来经营做出预测。

4. 结果运用。在数据分析结果的基础上形成总结性结论，并提出相应的建议，从而对发展趋势、策略规划、前景预测等提供重要的分析指导，为企业的效益分析、业务拓展提供有力的保障。

（三）运营分析控制的方法

1. 比较分析法

比较分析法是运营分析最基本的方法，有纵向比较法和横向比较法。纵向比较公司历史数据，可以知道公司某一方面的变动情况，纵向比较法也称水平分析法；横向与同行业其他上市公司比较，可以衡量公司在同行业中的竞争力和地位。

2. 比率分析法

比率分析法是利用两个或若干相关数据之间的某种关联关系，运用相对数形式来考察、计量和评价，借以评价企业运营状况的一种分析方法。

3. 趋势分析法

趋势分析法，是根据企业连续若干会计期间（至少 3 期）的分析资料，运用指数或动态比率的计算，比较与研究不同会计期间相关项目的变动情况和发展趋势的一种财务分析方法，也叫动态分析法。

4. 因素分析法

因素分析法，是通过分析影响重要指标的各项因素，计算其对指标的影响程度，来说明指标前后期发生变动或产生差异的主要原因的一种分析方法。

因素分析法按分析特点可以分为连环替代法和差额计算法两种。连环替代法是在通过比较分析确定差异的基础上，利用各种因素的顺序"替代"，从数值上测定各个相关因素对指标差异的影响程度的计算方法。差额计算法是连环替代法的一种简化形式。它是利用各个因素的分析期值与基期值之间的差异，依次按顺序替换，直接计算出各个因素对指标变动影响程度的一种分析方法。

5. 综合分析法

综合分析法，是指将反映企业运营各个方面的指标纳入一个有机的整体之中，以系统、全面、综合地对企业运营状况进行分析与评价。目前在实践工作当中应用比较广泛的综合分析体系包括杜邦财务分析体系、可持续增长率分析体系、EVA 价值树分析体系等。

第四节 信息与沟通

一、内部信息传递

（一）内部信息传递的定义

按照《企业内部控制应用指引第 17 号——内部信息传递》的规定，内部信息传递是企业内部管理层级之间以报告为载体和形式传递生产经营管理信息的过程。

信息在企业内部进行有目的的、及时的、准确的、安全的传递，对贯彻企业发展战略、正确识别生产经营中的风险、及时纠正操作错误、提高决策质量具有重要作用。

（二）信息的内涵

要了解内部信息传递的流程，首先应该知道信息是什么，信息具有哪些特征。只有这样，才能很好地理解和把握信息搜集、组织和传递活动。

信息是对人有用的、能够影响人们行为的数据。信息是数据的含义，是人们对数据的理解，是数据加工后的结果。数据是信息的载体，没有数据便没有信息，因此信息不能单独存在。要想获得信息就要先获得载荷信息的数据，再对其进行加工。将数据加工成信息有时很简单，有时很复杂，有时需要很多数据、经过复杂的加工过程才能得到信息。在一家企业内，一般来说，地位越高的管理者所需要的信息越需要加工和处理。

信息具有下面一些特征：

1. 共享性。一方面，同一内容的信息可以在同一时间为多人所用；另一方面，同一内容的信息可以被多次使用，通过传递可实现信息共享。

2. 可传递性。信息是事物存在方式的直接或间接显示。它依附于一定的载荷媒体（声、光、电、磁、语言、表情、文字、数字、符号、图形、图像等）进行呈现、传递和扩散。这些载荷媒体就是我们所说的广义的数据。信息技术极大地扩展了信息的扩散范围，提高了信息的传递速度和共享程度。

3. 可编码性。信息可以用标准符号（如数字、字母等）来表示。在信息社会中将有更多的信息以数字形式表示。它的采集、存储、处理、传输都是数字化的，因此极易识别、转换、传递和接收，也更易于处理。

4. 具有价值。信息是一种资源，同样有其效用和成本。信息的效用表现为：可能为使用者提供新的知识或创造新的价值，可能为使用者的特定决策减少不正确性。信息成本包括收集、输入、处理、存储及信息形成与传递过程中的全部耗费。

显然，信息的价值取决于效用与成本的关系：

信息价值 = 信息效用 – 信息成本

可见，信息效用越大，信息的价值就越大，而成本越高，信息的价值就越小。另外，信息价值也受信息质量的影响。所谓信息质量是指有用的信息所必须具备的基本品质特性，如相关性、准确性、时效性、简明性、清晰性、可定量性、一致性等。人们总是希望所用信息能够同时达到各项质量特性的最大化，但在现实生活中，这种理想化的境界很难达到。因此，常常需要对上述各项质量特性作出权衡与取舍，必须针对面临的具体问题，决定侧重点，以便最佳地满足对信息的各方面要求。

（三）内部信息传递的基本流程

企业的内部控制活动离不开信息的沟通与传递。企业在生产、经营和管理过程中需要不断地、反复地识别、采集、存储、加工和传递各种信息，以使得企业各个层级和各个岗位的人员能够履行企业担负的职责。信息传递是一种方式或几种方式的组合，可以自上而下传递，可以自下而上传递，也可以平行传递。传递的信息以不同形式或载体呈现。

其中，对企业最为重要的、最普遍的信息传递形式就是内部报告，亦称内部管理报告。内部报告是指企业在管理控制系统中为企业内部各级管理层以定期或者非定期的形式记录和反映企业内部管理信息的各种图表和文字资料的总称。内部报告在企业内部控制中起着非常重要的作用：一方面，内部报告可以为管理层提供更多的企业生产、经营和管理信息，为管理层合理有效地制定各种决策提供支持和服务；另一方面，内部报告还可以检查和反馈管理层决策的执行情况，帮助管理层监控和纠正在政策执行中出现的错误和偏差。因此，企业需要加强包括内部报告在内的企业内部信息传递，全面评估内部信息传递过程中的风险，建立科学的内部信息传递机制，确保信息的相关性和可靠性，提高内部报告的质量，安全、及时、准确地传递信息，充分、高效地利用内部报告。

内部信息传递流程是根据企业生产经营管理的特点来确定的，其形式千差万别，没有一个最优的方案。一般来说，内部信息传递至少包括两个阶段：一是信息形成阶段，二是信息使用阶段。

以内部报告为例，内部报告形成阶段的起点是报告中指标的建立；根据所确定的报告指标，确定所要搜集和存储的相关信息；对搜集的信息进行加工，以一种美观的和可理解的表现形式组织这些信息，形成内部报告；审核形成的内部报告，如果不符合决策要求，就要重新修订或补充有关信息，直到达到标准为止。

内部报告使用阶段的起点是内部报告向指定位置和使用者的传递。使用者获得内部报告后，要充分地理解和有效地利用其中的信息，以评价业务活动和制定相关决策；与此同时，要定期对企业内部报告的全面性、真实性、及时性、安全性等进行评估，一旦发现不妥之处，要及时地进行调整。

（四）内部信息传递的总体要求

根据有效信息的要求、结合信息的特性，企业内部信息传递应该遵循以下基本原则：

1. 及时有效性原则

及时有效性原则是指在信息传递过程中,必须做到在经济业务发生时及时进行数据搜集,尽快进行信息加工,形成有效形式,并尽快传输到指定地点和信息使用者。如果信息未能及时提供,或者及时提供的信息不具有相关性,或者提供的相关信息未被有效利用,就可能导致企业决策延误,经营风险增加,甚至可能使企业较高层次的管理陷入困境,不利于对实际情况进行及时有效的控制和矫正,同时也将大大降低内部报告的决策相关性。

及时有效性原则有两重含义:一是收集信息要及时,对企业发生的经济活动应及时在规定期间内进行记录和存储,而不延至下期;二是报送及时,信息资料(如管理报告)应在决策制定时间之前及时报送到指定的信息使用者。如果信息未能及时提供,则可能导致企业决策延误,甚至发生错误决策,增加经营风险,甚至导致企业管理陷入困境。比如,如果各种预算执行信息在企业内不能做到及时传递,那么,企业不能及时有效地对实际生产经营进行控制,产生的偏差也就无法得到及时纠正,这将给企业带来巨大的经营和财务风险。

2. 反馈性原则

反馈性原则是指在信息传递过程中,相同口径的信息能够频繁地往返于信息使用者和信息提供者之间,把决策执行情况的信息及时反馈给信息使用者,帮助信息使用者证实或者修正先前的期望,以便其进一步决策的活动。反馈性原则有两重含义:一是要建立多种渠道,及时获得决策执行情况的反馈信息;二是用户要科学地分析和评价所获得的反馈信息,恰当地调整决策。

3. 预测性原则

预测性原则是指企业传递和使用的经营决策信息需要具备预测性的功能。信息预测性的功能在于提供提高决策水平所需的那种发现差别、分析和解释差别,从而在差别中减少不确定的信息。预测性原则有两重含义：一是提供给使用者的信息不一定就是真实的未来信息，因为未来往往是不确定的；二是预测信息与未来的信息必须有着密切的关联，必须具有符合未来变化趋势的可预测的特征，即具有相关性。要使企业内部传递的信息具备相关性，还要注意排除过多低相关的冗余信息。否则，信息过载不仅会增加信息传递成本，还会耗费管理当局的精力，降低决策效率，影响决策效果。

4. 真实准确性原则

内部传递的信息能否满足使用者的需要，取决于信息是否"真实准确"。真实准确性原则是指企业内部传递的信息符合事件或事物的客观实际，包括范围的真实准确性、内容的真实准确性和标准的真实准确性。虚假或不准确的信息将严重误导信息使用者，甚至导致决策失误，造成巨大的经济损失。内部报告的信息应当与所要表达的现象和状况保持一致，若不能真实反映所计量的经济事项，就不具有可靠性。

真实准确性是信息的生命，也是对整个内部信息传递工作的基本要求。提供真实准确的信息是企业投资者及其他利益相关者做出经济决策的重要依据。如果信息不能真实反映企业的实际情况，不但信息使用者的需求不能满足，甚至还会误导信息使用者，使其做出错误的决策，直接导致其经济利益受到损失。

5. 安全保密性原则

安全保密性原则，又称"内部性原则"，是指内部信息传递的服务对象仅限于内部利益相关者，即企业管理当局，因而具有一定的商业机密特征。企业内部的运营情况、技术水平、财务状况及有关重大事项等通常涉及商业秘密，内幕信息知情者（包括董事会成员、监事、高级管理人员及其他涉及信息披露有关部门的涉密人员）都负有保密义务。这些内部信息一旦泄露，极有可能导致企业的商业秘密被竞争对手获知，使企业处于被动境地，甚至造成重大损失。这与财务会计信息，尤其是公众公司的财务会计信息不同。公众公司的财务会计信息必须公开和透明，而专供管理当局使用的管理信息则不一定要公开。

6. 成本效益原则

成本效益原则是经济管理活动中广泛适应性的要求，因为任何一项活动，只有当收益大于成本时才是可行的。判断某项信息是否值得传递，首先就必须满足这个约束条件。具体来说，提供信息发生的成本主要包括：搜集、处理、审计、传输信息的成本，对已传递信息的质询进行处理和答复的成本，诉讼成本，因传递过多信息而导致的竞争劣势成本等。提供信息带来的可计量收益包括：增加营业收入、降低人工成本、降低物料成本、改善产品质量、提高生产能力、降低管理费用、提高资金周转率等。提供信息带来的不可计量收益包括：企业流程与系统作业整合性的提高、生产自动化与透明化的提高、需求反应速度的提高、管理决策质量的改善、企业监控力度的加强等。目前，实务操作中的主要问题是，信息传递的成本和收益中有许多项目是难以确切计量的，而且成本也不一定落到享受收益的使用者头上。除了专门为其提供信息的使用者之外，其他使用者也可能享受收益。这一问题的存在决定了成本效益原则至今只能是一种模糊的价值判断。它的真正落实也许只有等到实现有偿使用信息或者实现信息内部转移定价的未来时代了。

（五）内部信息传递各环节的主要风险点及控制措施

1. 建立内部报告和指标体系

内部报告仅仅是信息传递的一种形式或载体，决定企业内部信息传递有效性最关键的问题在于报告中承载的信息。企业首先应该理清究竟应该编制哪些内部报告，进而确定各个报告中的指标如何设置。内部报告信息的采集和加工都是由报告中的指标来决定的。因此，内部报告指标的选择，既是内部报告传递的起点，也是决定内部报告质量的基础。内部报告指标体系的科学性直接关系到内部报告信息的价值。企业要根据自身的发展战略、生产经营、风险管理的特点，建立系统的、规范的、多层级的内部报告指标体系。内部报告指标体系中应该包含关键信息指标和辅助信息指标，还要根据企业内部和外部的环境政策，建立指标的调整和完善机制，使指标体系具有动态性和权变性。

内部报告指标体系的设计最重要的依据是企业内部报告使用者的需求，要为具有不同信息使用目的用户提供诸如生产管理、经营决策、财务管理、业绩评价、风险评估、资源配置等相关决策信息。在建立内部报告指标环节，主要风险点又可以具体细分为以下方面。

（1）未以企业战略和管理模式为指导设计内部报告及指标体系。任何企业决策都要以企业总体战略目标为指导和依据。因此，在设计用于决策的内部报告指标时，也必须围绕企业战略。当内部报告指标远离了企业战略或者企业自身没有明确的战略时，内部信息传递就无法实现为企业战略实施提供的服务，企业战略目标也就难以实现了。同时，内部报告的组成和内容还需配合企业内部管理控制的程序和方法，使内部报告更好地为企业管理控制服务。例如，如果企业管理采用的预算管理模式没有预算报告和考核报告，预算管理就不能实施。

（2）内部报告体系或者指标体系不完整或者过于复杂。在构建内部报告体系及其指标体系时，可能出现报告或指标体系不完整，即遗漏重要信息的情况。这样一来，指标不能够全面反映决策需要的信息，导致内部报告对决策的有用性降低；相反，另一种情形就是内部报告数量过多，各个报告中设立的指标过于复杂，使报告使用者难以理解和驾驭，这样也会干扰决策的制定，降低决策质量。

（3）指标体系缺乏调整机制。社会经济发展日新月异，企业的内部和外部环境瞬息万变。如果内部报告指标体系确定后始终一成不变，就很难与生产经营快速变化的环境相适应。当内部报告指标不适应企业决策信息的要求时，其价值也就丧失了。

（4）指标信息难以获得或者成本过高。有些企业内部报告指标只能在理论上讲得通，在实际操作中，其指标所需信息的辨认和采集工作难度很大，成本很高。那么，根据内部信息传递的可用性和成本效益原则，这样的指标就不应该设置，否则将降低内部信息传递的效率和效果。

2. 搜集整理内外部信息

企业各种决策的制定离不开各种来源的信息的支持。企业需要根据内部报告指标，搜集和整理各种信息，以便企业随时掌握有关市场状况、竞争情况、政策变化及环境的变化，保证企业发展战略和经营目标的实现。在搜集整理内外部信息的过程中，主要风险点又可以具体细分为以下几方面：

（1）搜集的内外部信息不足或者过多。在搜集信息的过程中，由于某些原因，未能搜集或者未能及时搜集到反映经济活动的信息，就会造成无法决策或者决策拖延；有些时候，由于企业信息的来源过多，如行业协会组织、社会中介机构、业务往来单位、市场调查、来信来访、网络媒体、政府监管部门、会计账簿、经营管理资料、调研报告、专项信息、内部刊物、办公网络等渠道都会获得成千上万的各种信息，这就可能导致信息冗余。信息过多不但增加了信息处理的成本，也降低了总体信息的相关性，同样会干扰决策。

（2）信息内容不准确。目前，企业内外部各种信息的来源复杂，有些信息的准确性无法保证。此外，信息在搜集和录入过程中，可能由于人为破坏或者操纵疏忽而产生错误信息。决策者如果根据不准确的信息进行决策，很可能导致决策错误。

（3）信息搜集和整理成本过高。成本效益原则是信息搜集的约束条件。某一信息的搜集成本过高时，超过了其带来的收益，就会使企业"得不偿失"，生产和传输该信息就失去了意义。

3. 编制及审核内部报告

企业各职能部门应将收集的有关资料进行筛选、抽取，然后根据各管理层级对内部报告的需求和先前制定的内部报告指标建立各种分析模型，提取有效数据，进行汇总、分析，形成结论，并提出相应的建议，从而对生产经营活动、资源配置效率、战略执行情况等提供信息反馈，对企业的发展规划、前景预测等提供重要的分析和指导，为企业的效益分析、业务拓展提供有力的决策支持。因报告类型不同、反映的信息特点不同，企业内部报告的格式不尽一致。但是，编制内部报告的总体原则就是信息要完整，内容要与决策相关，表述要能够便于使用者理解。一般情况下，企业内部报告应当包括报告名、编号、执行范围、内容、起草或制定部门、报送和抄送部门、时效要求等。此外，编制完成的内部报告要经过有关部门和人员的审核。只有通过审核的内部报告，才能进行传递。审核不合格的报告，要发回编制单位，分析原因，进行修订。在编制及审核内部报告的过程中，主要风险点又可以具体细分为以下几方面。

（1）内部报告内容不完整或难以理解。内部报告的内容要根据事先设置的指标来编制。但是，由于指标计量的信息未能取得或者信息不符合分析模型的要求而无法得出结论，则会导致内部报告的内容缺失。内部报告内容不完整，将降低信息的相关性和可靠性，直接影响对决策的支持程度。另外，由于内部报告制作者的经验和水平的局限，形成的内部报告还可能由于内容表述含糊不清、抽象晦涩，或者与使用者的知识背景不符，导致报告使用者对报告内容难以理解，这样，也会降低内部报告的使用价值。

（2）内部报告编制不及时。按照编制的时间不同，内部报告分为定期报告和非定期报告两大类。非定期报告包括异常事件报告、临时查询报告和按照使用者某种特定要求提供的非常规报告等。定期报告应在每个报告周期结束后，在指定的时间前编制完成。非定期报告中的异常事件报告应在事件发生后最短的时间内完成，临时查询报告和非常规报告应在相关的决策需要制定的时间之前完成。缺乏及时性的内部报告，不能及时反馈信息，无法支持决策，也就失去了其存在的价值。

（3）未经审核即向有关部门传递。内部报告编制完成后，要经过一个独立于报告编制岗位的审核。如果没有对内部报告进行审核，就不能及时发现内部报告中由于人为故意或者疏忽造成的错误，也就无法保证内部报告的质量。

4. 内部报告传递

内部报告中的信息多为企业内部生产经营管理信息，涉及企业的商业秘密。因此，内部报告在传递过程中需要有严密的流程和安全的渠道。一方面，为了提高信息的共享性和利用程度，企业应当充分利用信息技术，强化内部报告信息的集成和共享，拓宽内部报告的传递渠道；另一方面，信息技术广泛和深入的应用也增加了信息非法传递、使用和披露的风险。在内部报告传递的过程中，主要风险点又可以具体细分为以下几方面：

（1）缺乏内部报告传递规范流程。内部报告涉及企业的重要信息，对企业内部控制和管理决策具有重大的影响。由于企业信息系统的快速发展，企业需要编制和传递越来越多的内部报告，同时，也有越来越多的企业利益相关者使用内部报告。如果企业缺乏规范和完善的内部报告传递制度，或者内部报告传递具有较大的随意性，则内部报告在传递过程中就会面临较大风险，其完整性、真实性、及时性和可靠性均无法得到保证。

（2）内部报告误传递或丢失。内部报告在传递过程中，由于人为故意或者疏忽，可能出现内部报告错误传递，包括传递时间错误、传递地点错误、接收人错误等，甚至可能出现内部报告在传递中丢失的情况。这样会给企业的信息安全带来巨大威胁。

（3）内部报告传递系统中断。信息技术在企业信息系统广泛应用，从而 IT 技术在信息传递中具有举足轻重的作用。企业在得益于计算机、数据库和网络带来的信息快速传递的好处的同时，也往往会遭受因为系统的各种故障而导致的信息系统中断，进而无法及时使用和传递系统中的重要信息，影响相关决策的制定。

5. 内部报告的使用和保管

对于内部报告的使用，要做到有效使用和安全使用。内部报告有效使用是要求企业各级管理人员应当充分利用内部报告进行有效决策，管理和指导企业的日常生产经营活动，及时反映全面预算的执行情况，协调企业内部相关部门和各单位的运营进度，严格地进行绩效考核和责任追究，以确保企业实现发展战略和经营目标。企业应当有效利用内部报告进行风险评估，准确识别和系统分析企业生产经营活动中的内外部风险，确定风险应对策略，以实现对风险的有效控制。在内部报告使用的过程中，主要风险点又可以具体细分为以下几方面：

（1）企业管理层在决策时没有使用内部报告提供的信息。良好的内部报告设计会给企业管理层的决策以信息方面的支持。然而，如果内部报告在设计上没有体现决策者的需求，或者内部报告的表述不能够为决策者所理解，那么决策者就会放弃对内部报告的利用。

（2）商业秘密通过企业内部报告被泄露。如果企业没有建立和实施内部报告的保密制度，内部报告的使用者在使用过程中没有对内部报告进行妥善保管，就可能导致企业的重要信息和机密信息在这一过程中被泄露，严重时，可能导致企业面临巨大的经济损失，甚至要为此承担法律责任。

6. 内部报告的评估

随着企业内外部环境的不断变化、企业的内部报告体系和内部报告传递机制的适用性可能改变。企业应当对内部报告体系是否合理、完整，内部信息传递是否及时、有效，进行定期的评估。经过评估发现内部报告及其传递存在缺陷的，企业应当及时进行修订和完善，确保内部报告提供的信息及时、有效。在内部报告评估的过程中，主要风险点又可以具体细分为以下几方面：

（1）企业缺乏完善的内部报告评估机制。内部报告及其指标体系和传递机制的构建，是需要与相应的环境相适应的。如果企业内外部环境发生变化，而内部报告的内容和传递方式没有随之调整的话，内部报告的作用就会大打折扣，甚至丧失。如果企业缺乏完善内部报告评估机制，就不能定期且有效地对内部报告进行全面评估，这将大大影响企业内部报告的有效性和经济价值。

（2）未能根据评估结果对内部报告体系及其传递机制进行及时调整。企业定期对其内部报告系统及传递机制进行评估后，如果没有及时地调整那些在评估中被认为已经不合时宜的内部报告、控制指标和传递制度，那么内部报告就无法保持其有效性和经济价值。

二、信息系统

（一）信息系统的定义

按照《企业内部控制应用指引第 18 号——信息系统》的规定，信息系统是指企业利用计算机和通信技术，对内部控制进行集成、转化和提升所形成的信息化管理平台。

信息系统是由计算机硬件、软件、人员、信息流和运行规程等要素组成的。信息系统在改变企业传统运营模式的同时，也对传统的内部控制观点和控制方法产生了深远的影响。企业原有的内部控制越来越不适应企业的业务发展和管理的提升。信息系统的实施触发了企业管理模式、生产方式、交易方式、作业流程的变革，为管理工作的重心从经营成果的反映向经营过程的控制转移创造了技术条件。

（二）信息系统的生命周期

信息系统的生命周期一般要经过信息系统规划期、信息系统开发期和信息系统运行与维护期三个主要阶段。

结构化系统分析与设计方法是迄今为止应用最普遍、最成熟的一种信息系统建构方法。这种方法的基本思想是：采用系统工程的思想和工程化的做法，按用户需求至上的原则，结构化、模块化、自顶向下地对系统进行分析与设计。具体来讲，结构化系统分析与设计方法就是将整个信息系统开发过程按照时间顺序划分出若干个相对独立的阶段。信息系统建构各个阶段的主要工作如下：

1. 信息系统规划期

在信息系统规划期，主要应该考虑实现企业发展战略向信息化流程的转变。因此，需要将信息系统战略规划的管理控制作为出发点，分析企业流程，研究信息技术的发展趋势，实现信息系统战略规划与企业发展战略的匹配，并由此制定信息系统管理、业务和技术三个方面的规范。同时，信息系统管理部门与企业各个层面的管理者、业务部门和最终用户要进行充分的沟通，以实现业务需求向信息化流程的转移。在此基础上，根据信息系统规划进行项目立项和可行性研究，以确定信息系统建设方案。

信息系统规划时期包括战略规划和项目计划。

战略规划通常将完整的信息系统分成若干子系统，并分阶段建设不同的子系统。比如，制造企业可以将信息系统划分为财务管理系统、人力资源管理系统、MRP（销售、采购、库存、生产）系统、计算机辅助设计和制造系统、客户关系系统、电子商务系统等若干子系统。项目就是指本阶段需要建设的相对独立的一个或多个子系统。

项目计划通常包括项目范围说明、项目进度计划、项目质量计划、项目资源计划、项目沟通计划、风险对策计划、项目采购计划、需求变更控制、配置管理计划等内容。项目计划不是完全静止、一成不变的。在项目启动阶段，可以先制订一个较为原则的项目计划，确定项目主要内容和重大事项，然后根据项目的大小和性质及项目进展情况进行调整、充实和完善。

2. 信息系统开发期

信息系统开发期的任务是完成软件的设计和实现，具体包括系统分析阶段、系统设计阶段、系统实施阶段三个阶段。

（1）系统分析阶段。

系统分析又称为用户需求分析。需求分析的目的是明确信息系统需要实现哪些功能。该项工作是系统分析人员和用户单位的管理人员、业务人员在深入调查的基础上详细描述业务活动涉及的各项工作及用户的各种需求，从而建立未来目标系统的逻辑模型。

（2）系统设计阶段。

系统设计是根据系统分析阶段所确定的目标系统逻辑模型，设计出一个能在企业特定的计算机和网络环境中实现的方案，即建立信息系统的物理模型。系统设计包括总体设计和详细设计。总体设计的主要任务是：第一，设计系统的模块结构，合理划分子系统边界和接口。第二，选择系统实现的技术路线，确定系统的技术架构，明确系统重要组件的内容和行为特征，以及组件之间、组件与环境之间的接口关系。第三，数据库设计，包括主要的数据库表结构设计、存储设计、数据权限和加密设计等。第四，设计系统的网络拓扑结构、系统部署方式等。详细设计的主要任务包括：程序说明书编制、数据编码规范设计、输入输出界面设计等内容。

（3）系统实施阶段。

系统实施阶段是编程和测试阶段。这个阶段的任务包括计算机等设备的购置、安装和调试、程序的编写与调试、人员培训、数据文件转换、系统调试与转换等。编程阶段是将详细设计方案转换成某种计算机编程语言的过程。编程阶段完成之后，要进行测试。测试主要有以下目的：一是发现软件开发过程中的错误，分析错误的性质，确定错误的位置并予以纠正。二是通过某些系统测试，了解系统的响应时间、事务处理吞吐量、载荷能力、失效恢复能力及系统实用性等指标，以便对整个系统作出综合评价。测试环节在系统开发中具有举足轻重的地位。在系统测试中往往只能测试有限的程序无法发现"潜伏"其中的危险程序。曾有程序设计员在设计系统程序时加了一条"当他工资为0或工资单上他的名字被注销时,就删除所有的系统数据"的语段。几年后,当该程序员被解雇时,系统遭到了致命性的破坏。

3. 信息系统运行与维护期

系统投入运行后,需要经常进行维护和评价,记录系统的运行情况,根据一定的标准对系统进行必要的修改,评价系统的工作质量和经济效益。信息系统的运行与维护主要包含三方面的内容:日常运行维护、系统变更和安全管理。

在信息系统开发的过程中,每一阶段有其独立的任务和成果,每一阶段使用规定的方法和工具,编制出阶段文档(阶段文档是阶段之间的管理控制点,需要经过正式的管理检验才能进入下一阶段工作;各阶段形成的文档资料共同构成了关于系统开发生命周期整体质量的审计证据)。前一阶段是后一阶段的基础和指导。只有完成了前一阶段的任务才能进入下一阶段,不能跨越阶段。每个阶段完成后,都要进行复查。如果发现问题,要停止前行,沿着所经历的阶段返回。在实践中,上述开发阶段会被分解成若干子阶段,每个子阶段还能够往下被分解为特定开发工程更为详细的活动。

(三)信息系统的开发方式

信息系统的开发建设是信息系统生命周期中技术难度最大的环节。在开发建设环节,要将企业的业务流程、内控措施、权限配置、预警指标、核算方法等固化到信息系统中,因此开发建设的好坏直接影响信息系统的成败。

开发建设主要有自行开发、外购调试、业务外包等方式。各种开发方式有其各自的优缺点和适用条件,企业应根据自身实际情况合理选择。

1. 自行开发

自行开发就是企业依托自身力量完成整个开发过程,其优点是开发人员熟悉企业情况，可以较好地满足本企业的需求，尤其是具有特殊性的业务需求。通过自行开发，还可以培养、锻炼自己的开发队伍，便于后期的运行和维护。其缺点是开发周期较长，技术水平和规范程度较难保证，成功率相对较低。因此，自行开发方式的适用条件通常是企业自身技术力量雄厚，而且市场上没有能够满足企业需求的成熟的商品化软件和解决方案。百度的搜索引擎系统就偏重于自行开发。

2. 外购调试

外购调试的基本做法是企业购买成熟的商品化软件，通过参数配置和二次开发满足企业需求。其优点是：开发建设周期短；成功率较高；成熟的商品化软件质量稳定，可靠性高；专业的软件提供商具有丰富的实施经验。其缺点是：难以满足企业的特殊需求；系统的后期升级进度受制于商品化软件供应商产品更新换代的速度，企业自主权不强，较为被动。外购调试方式的适用条件通常是企业的特殊需求较少，市场上已有成熟的商品化软件和系统实施方案。大部分企业的财务管理系统、ERP系统、人力资源管理系统等多采用外购调试方式。

3. 业务外包

由于信息系统更新换代的周期短，信息系统工作人员的流动性高，人工费用与设备维修费用十分昂贵，因此，近年来在先进的发达国家出现了利用外包信息系统资源的方法，简称"外包"。外包指组织只专注于自己的特定业务，而将相关的信息系统业务承包给外部的信息服务机构。通过外包，企业可以提高对信息技术、信息人才的利用效率，显著降低信息系统的运营成本，使企业可以将自己的力量集中于其核心竞争优势方面，更加集中于实现企业的战略目标。

信息系统的业务外包是指委托其他单位开发信息系统，其基本做法是企业将信息系统开发项目外包出去，由专业公司或科研机构负责开发、安装实施，企业直接使用。其优点是：企业可以充分利用专业公司的专业优势，量体裁衣，构建全面、高效满足企业需求的个性化系统；

企业不必培养、维持庞大的开发队伍，相应节约了人力资源成本。其缺点是：沟通成本高，系统开发方难以深刻理解企业需求，可能导致开发出的信息系统与企业的期望有较大偏差；同时，由于外包信息系统与系统开发方的专业技能、职业道德和敬业精神存在密切关系，也要求企业必须加大对外包项目的监督力度。但是外包信息系统也可能泄露企业机密信息。业务外包方式的适用条件通常是市场上没有能够满足企业需求的成熟的商品化软件和解决方案，企业自身技术力量薄弱，或出于成本效益原则考虑不愿意维持庞大的开发队伍。

（四）信息技术过程控制体系

由于企业的运营过程跟信息技术（Information Technology，IT）是分不开的，企业越来越认识到保持IT严谨的独立性、由IT创造价值及传递其价值的重要性，所以产生了法规遵从的需要及有效控制风险从而获益的需要。为了帮助企业成功地把自己的企业和IT目标结合起来，以应对今日的企业挑战，国际信息系统审计与控制协会提出《信息和相关技术的控制目标》（Control Objectives for Information and Related Technology，COBIT）。COBIT是一个基于IT治理概念的、面向IT建设过程中的IT治理实现指南和审计标准，被认为是COSO框架的补充框架。COBIT的目标是为信息系统设计提供具有高度可靠性和可操作性的、公认的信息安全和控制评价标准。

最新版的COBIT5控制架构把IT业务的主动权与商业需要联结起来，把IT业内的活动组织起来，成为普遍接受的流程模式，还可以确定主要的受影响的IT资源，对需考虑的管理控制目标进行详细说明。COBIT鼓励以业务流程为中心，实行业务流程负责制。COBIT提出了促成企业的治理和管理的五大关键原则。

第一，满足利益相关者需求，企业存在的目的是为利益相关者创造价值，这些价值的创造通过保持效益实现与风险和资源使用优化之间的平衡来实现。COBIT通过应用IT提供的所有必要的程序和促成因素来支持价值创造，因为不同企业有不同的目标，企业可以通过目标级联，自定义COBIT以适合其自身的情况，将高级别的企业目标转化成易管理、特定的、IT相关的目标并将它们映射到具体的流程和实践。

第二，端到端覆盖企业，COBIT将企业治理融合到企业治理中，包含企业内的所有职能部门与流程，并考虑到所有端到端的和企业范围的IT相关的治理和管理的促成因素，也就是说，它包括企业内部和外部的，与企业的信息和涉及的IT的治理与管理相关的每种东西和每个人。

第三，采用单一集成框架，目前存在许多IT相关标准和最佳实践，每一个均提供一部分IT活动的指导，COBIT与其他相关标准与框架保持高度一致，并因此能够成为企业IT治理和管理的总体框架。

第四，启用一种整体的方法，COBIT5定义了7类促成因素来支持企业IT综合治理和管理系统的实施，它们分别为：（1）原则、政策和框架；（2）流程；（3）组织结构；（4）文化、伦理道德和行为；（5）信息；（6）服务、基础设施和应用程序；（7）人才、技能和竞争力。

第五，区分管理和治理，COBIT中这两个概念包括不同种类的活动，需要不同的组织结构及为不同的目的服务。COBIT流程参考模型详细地定义和描述若干治理和管理流程，它代表在企业IT相关活动中经常发生的所有流程。这个推荐的流程模型是一个完整的、综合的模型，但它并不是唯一可能的过程模型。该模型将企业治理和管理流程分为两个主要流程领域：治理方面，包括五个治理流程，在每个流程内定义了评估、指导和监控（EDM）实践。管理方面，包含四个领域，根据责任区域的规划、构建、运行和监控（PBRM），并提供IT端到端的覆盖。

建立信息系统的内部控制程序和政策应以COBIT框架的37项作业步骤作为控制流程主线，针对各步骤的作业内容、控制目标和固有风险，选择COSO报告中的相应控制要素及控制要点，共同构成本环节的相应控制政策。COBIT 将 IT 过程、IT 资源及信息与企业的决策与目标联系起来，形成一个三维的体系结构。

COBIT 最初被管理者看作由 IT 控制的最佳实践组成的一个基准工具，因为用它可以弥合控制要求、技术问题和企业风险三者间的缺口。由于 COBIT 对控制的强有力关注，内外部审计师均将其应用于财务报告审计、经营和合规审计之中。因此，在"信息系统主要风险点分析"和"信息系统关键控制措施设计"中，主要应参考 COBIT 框架提供的基于风险的 IT 控制基准工具和最佳实践。

（五）信息系统开发的主要风险点及其控制措施

信息系统内部控制的目标是促进企业有效实施内部控制，提高企业现代化管理水平，减少人为操纵因素；同时，增强信息系统的安全性、可靠性和合理性及相关信息的保密性、完整性和可用性，为建立有效的信息与沟通机制提供支持和保障。

企业信息系统内部控制及利用信息系统实施内部控制也面临诸多风险。为了达到信息系统的内部控制目标，至少应当关注下列主要风险：第一，信息系统缺乏或规划不合理，可能造成信息孤岛或重复建设，导致企业经营管理效率低下；第二，系统开发不符合内部控制要求，授权管理不当，可能导致无法利用信息技术实施有效控制；第三，系统运行维护和安全措施不到位，可能导致信息泄露或毁损，系统无法正常运行。这三种主要风险分别针对信息系统生命周期的信息系统规划期、信息系统开发期和信息系统运行与维护期三个主要阶段。

1. 信息系统开发的主要风险点

（1）信息系统规划期的主要风险点。

信息系统战略规划是信息化建设的起点。战略规划是以企业发展战略为依据制定的企业信息化建设的全局性、长期性规划。制定信息系统战略规划的主要风险是：第一，信息系统规划风险，即缺乏战略规划或规划不合理，可能造成信息孤岛或重复建设，导致企业经营管理效率低下。第二，信息技术无法有效满足业务需求的风险，即没有将信息化与企业业务需求结合，降低了信息系统的应用价值。

①信息系统规划风险。

企业的信息系统规划应该服从于企业总体战略规划，为企业总体战略规划服务。只有满足"战略、组织、技术"三项特征，把信息系统规划作为常规工作循环开始建立，才能把企业的信息化建设推进到一个更高的"战略、组织、技术"层次和水平。

在信息化初始阶段，企业通常借助计算机去满足手工状态下内部控制和信息处理的要求，很少顾及、甚至基本没有顾及信息技术本身的特性，由此产生诸多"信息孤岛"，而某一控制所需要的信息可能部分来自会计信息系统，也可能部分来自其他不同的信息系统。这使得很多企业在管理现代化后并没有赢得任何控制的优势。根据统计，信息系统应用中存在的最大问题就是"信息孤岛"问题。由于现有的信息系统（如ERP）多是分功能模块进行设计的。企业信息化的过程通常是先上几个功能模块，再接着慢慢补充其他模块。同一数据多次重复录入，部门间相互分割，各自为政，"数出多门"，加大了业务部门的工作量与出错率。同时，信息传递设备大部分是很多用户一起使用的，也就存在着传递的信息被窃取、篡改的风险。这些都容易导致员工无法及时获取信息，或获取的是不一致信息，从而不能实现整个企业的有效沟通。

"信息孤岛"现象是不少企业信息系统建设中存在的普遍问题。其根源在于，这些企业往往忽视战略规划的重要性，缺乏整体观念和整合意识，常常陷于头痛医头、脚痛医脚的状态。这就导致有的企业财务管理信息系统、销售管理信息系统、生产管理信息系统、人力资源管理系统、办公自动化系统等各自为政、孤立存在的现象，削弱了信息系统的协同效用，甚至引发系统冲突。在实践中，对项目定义不充分是信息系统失败的最重要的原因之一。在任何一个信息系统或者遗留系统（legacy system）的开发和实施过程中，对项目计划的明确定义是信息系统成功的一个关键要素。由于遗留系统是一个松散耦合的信息系统，因此对项目的拙劣定义只会影响一些功能性领域。但是，在一个集成的信息系统中，对项目的定义不充分明确会影响整个企业。很多企业没有考虑商业目标、实施战略、系统架构（landscaping）、技术需求、成本等就盲目采纳信息技术（IT）。由于缺乏把信息系统与商业战略集成起来的、内在一致的实施战略而导致信息系统失败。

② IT系统架构风险和信息技术无法有效满足业务需求的风险。

信息系统的架构非常重要。已故的传奇教练VinceLombardi曾说过："架构不是所有的事情，但是它是唯一的事情。"IT部门也曾有这样的体会：电脑程序潮起潮落，不好的架构永远存在。虽说上述说法不甚精准，但是说明了一个简单的事实，即IT系统架构不能迅速改变，或者不能被有效地管理，会导致无法支持快速变化的商业模式。

当前IT系统越来越多地对业务经营活动进行自动化处理，这就需要IT提供必要数量的控制程序。如果内部控制呈现的是独立于业务活动、事后反映和检查性特征，而不能与业务活动融为一体，呈现过程监督和预防性特征，则会导致信息技术无法有效满足业务需求的风险。

（2）信息系统自行开发方式的主要风险点。

虽然信息系统的开发方式有自行开发、外购调试、业务外包等多种方式，但基本流程大体相似，通常包含项目计划、系统分析、系统设计、编程和测试、上线等环节。

第一，项目计划环节。

项目计划环节的主要风险是：信息系统建设缺乏项目计划或者计划不当，导致项目进度滞后、费用超支、质量低下。

第二，系统分析环节。

系统分析环节主要存在可行性研究的风险和需求分析的风险。可行性研究要考虑新的系统对企业原来的管理模式的影响及员工素质的差异。系统分析主要应考虑企业的内部控制节点，如考虑不当将会带来巨大的损失。

系统分析环节的主要风险是：第一，需求本身不合理，对信息系统提出的功能、性能、安全性等方面的要求不符合业务处理和控制的需要。第二，技术上不可行，经济上成本效益倒挂，或与国家有关法规制度存在冲突。第三，需求文档表述不准确、不完整，未能真实、全面地表达企业需求，存在表述缺失、表述不一致甚至表述错误等问题。

第三，系统设计环节。

系统在设计环节要保证其规范性和适应性。系统设计环节的主要风险是：第一，设计方案不能完全满足用户需求，不能实现需求文档规定的目标。第二，设计方案未能有效控制建设开发成本，不能保证建设质量和进度。第三，设计方案不全面，导致后续变更频繁。第四，设计方案没有考虑信息系统建成后对企业内部控制的影响，导致系统运行后衍生新的风险。

第四，编程和测试环节。

这一环节的主要风险是：编程结果与设计不符；各程序员编程风格差异大，程序可读性差，导致后期维护困难，维护成本高；缺乏有效的程序版本控制，导致重复修改或修改不一致等问题；测试不充分。单个模块正常运行但多个模块集成运行时出错，开发环境下测试正常而生产环境下运行出错，开发人员自测正常而业务部门用户使用时出错，导致系统上线后可能出现严重问题。

第五，上线环节。

系统上线是将开发出的系统（可执行的程序和关联的数据）部署到实际运行的计算机环境中，使信息系统按照既定的用户需求来运转，切实发挥信息系统的作用。这一环节的主要风险是：第一，缺乏完整可行的上线计划，导致系统上线混乱无序。第二，人员培训不足，不能正确使用系统，导致业务处理错误，或者未能充分利用系统功能，导致开发成本浪费。第三，初始数据准备设置不合格，导致新旧系统数据不一致，业务处理错误。

（3）其他开发方式的主要风险点。

①业务外包方式的主要风险点。

在实践中，由于缺乏 IT 外包管理经验，许多信息系统外包项目由于对风险控制的不善而导致外包失败。一般来说，风险是指损失发生的不确定性。它是不利事件或损失发生的概率及其后果的关联函数。信息系统外包风险是由许多不确定因素造成的。那么，信息系统外包风险系数究竟有多大呢？国内暂时还没有详尽的数据。不过，关于信息系统外包服务的成功率可以作为参考。Gartner 曾指出：中国的信息系统外包服务市场仍不够成熟，大约 50% 的信息系统外包服务合同是以不能让用户满意的方式提交的。如此高比率的信息系统外包服务合同不能让用户满意，信息系统外包服务风险也不容乐观。因此，信息系统外包不仅仅是一个成本决策，也是有效管理风险的战略决策。企业在进行信息系统外包时必须正确地评估并努力控制信息系统外包风险。

要实施业务外包，首先要考虑的是外包策略问题。只有制定了合理的外包策略才能判断外包工作是否有效，是否实现了外包的预期目标。通常有三个策略可供选择：降低成本、高质量的服务、变革与创新。企图在一个外包合同中同时实现多个指标的大幅改善是不可能的。根据企业实际情况制定合理的外包策略，是信息化战略或信息化规划的重要内容。

信息系统外包具有提升核心竞争力、降低管理成本等收益，但也造成了对承包方的事实依赖性，使企业在制定新的经营管理决策时受制于承包方的 IT 配合程度及 IT 完成能力。此外，随着合作时间的延长，企业对承包方提供服务的依赖程度不断加大，受其 IT 服务质量的影响也逐渐增强，这会降低企业信息系统管理的自主性和灵活性。

因此，对于企业和 CIO 而言，必须划清企业的核心业务及可以外包的信息系统范围，避免核心信息系统竞争力随外包流失。企业在制定信息系统外包战略时要确定合适的外包业务，如将附加值较低、成本较高的非核心信息系统业务外包，从而既能获得信息系统外包带来的好处，又能降低对承包方的依赖性风险。因此，确定合适的信息系统外包业务范围是规避风险的第一步。信息系统外包必须首先保证企业的核心技术和信息足够安全，其次才是通过外包能降低内部信息系统成本。假如不能达到这些目标，则企业在当前阶段就不宜采用外包策略，否则外包带来的风险大于成功的概率，不能盲目追求"为外包而外包"。

在业务外包方式中，也存在不少风险。其中最大的风险就是失控。执行降低成本策略，但在实际运行过程中成本可能没降；执行服务质量提高策略，但实际上质量不仅没有提高，反而还下降了。这就是失控的风险。业务外包各个环节中的主要风险如下：

第一，选择外包服务商。

这一环节的主要风险是：由于企业与外包服务商之间本质上是一种委托—代理关系，合作双方的信息不对称容易诱发道德风险，外包服务商可能实施损害企业利益的自利行为，如偷工减料、放松管理、信息泄密等。

怎么找到好的外包商？对于甲方来说，在预算范围内，当然成本越低越好。这是一个比较模糊的说法。更为重要的是，企业一定要知道软件开发这个行业的特点。软件开发采购的是人力资源，而不是一个现成的产品（比如杯子、笔记本等产品），采购的是一个要经过人力劳动才能形成的成果。从这个角度来看，软件外包商的规范程度是考核的一个重要标准。如果一家企业做得比较规范，则可以认为其更可信。另外要看这个团队的经验怎么样。即使开发商的名气很大，但对一个具体的客户来说，也可能不能配备专业的开发队伍。至于价格，当然是越低越好，但价格不是要考虑的第一要素。如果把价格作为第一要素来看待，那么对企业来说是有风险的。如果项目失败的话，会损失很多的机会成本。

第二，签订外包合同。

这一环节的主要风险是：由于合同条款不准确、不完善，可能导致企业的正当权益无法得到有效保障。

第三，持续跟踪评价外包服务商的服务过程。

这一环节的主要风险是：企业缺乏外包服务跟踪评价机制或跟踪评价不到位，可能导致外包服务质量水平不能满足企业信息系统开发需求。

②外购调试方式的主要风险点。

第一，选择软件产品选型和供应商。

在外购调试方式下，软件供应商的选择和软件产品的选型是密切相关的。这一环节的主要风险是：软件产品选型不当，产品在功能、性能、易用性等方面无法满足企业需求；软件供应商选择不当，产品的支持服务能力不足，产品的后续升级缺乏保障。

第二，选择服务提供商。

大型企业管理信息系统（例如 ERP 系统）的外购实施不仅需要选择合适的软件供应商和软件产品，也需要选择合适的咨询公司等服务提供商，以指导企业将通用软件产品与本企业的实际情况有机结合。这一环节的主要风险是：服务提供商选择不当，削弱了外购软件产品功能的发挥，导致无法有效地满足用户需求。

2. 信息系统开发的关键控制措施

（1）系统规划。

为了规避信息系统面临的重要风险，企业利用信息系统实施内部控制时应当从以下 3 个方面入手：第一，企业必须制订信息系统开发的战略规划和中长期发展计划，并在每年制订经营计划的同时制订年度信息系统建设计划，促进经营管理活动与信息系统的协调统一。第二，企业在制定信息化战略过程中，要充分调动和发挥信息系统归口管理部门与业务部门的积极性，使各部门广泛参与、充分沟通，提高战略规划的科学性、前瞻性和适应性。第三，信息系统战略规划要与企业的组织架构、业务范围、地域分布、技术能力等相匹配，避免相互脱节。

为了确保信息系统的商业价值和投资回报，满足最终用户期望，进而提高业务盈利能力，须通过信息系统投资预算管理，持续地改进信息系统的成本有效性。信息系统投资预算管理的内容包括：预测并分配预算；根据预测，测量并评价业务价值。

（2）自行开发。

随着企业信息化的不断深入，信息系统已经成为企业提供有竞争力的产品和服务的一项基础设施。因此，在自行开发时，为保证信息系统的有效运行，必须全力做好信息系统的管理控制工作。CIO应通过下列手段对信息系统进行管理控制：第一，规划，建立一个组织的信息系统的目标；第二，组织，筹集、分配实现目标所需的人、财、物资源；第三，控制，对信息系统实施总体控制，如确定系统所需费用、分析系统可创造价值、控制系统人员的业务活动。

①项目计划环节。

针对项目计划环节的主要风险，应该采取以下措施：第一，企业应当根据信息系统建设整体规划提出分阶段项目的建设方案，明确建设目标、人员配备、职责分工、经费保障和进度安排等相关内容，按照规定的权限和程序审批后实施。第二，企业可以采用标准的项目管理软件（比如Office Project）制订项目计划，并加以跟踪。在关键环节进行阶段性评审以保证过程可控。第三，项目关键环节编制的文档应参照《计算机软件产品开发文件编制指南（GB8567-88）》等相关国家标准和行业标准进行，以提高项目计划编制水平。

②系统分析环节。

针对系统分析环节的主要风险，应该采取如下控制措施：第一，信息系统归口管理部门应当组织企业内部各有关部门提出开发需求，加强系统分析人员和有关部门的管理人员、业务人员的交流，经综合分析提炼后形成合理的需求。第二，编制表述清晰、表达准确的需求文档。需求文档是业务人员和技术人员共同理解信息系统的桥梁，必须准确表述系统建设的目标、功能和要求。企业应当采用标准建模语言（例如UML），综合运用多种建模工具和表现手段，参照《计算机软件产品开发文件编制指南（GB8567-88）》等相关标准，提高系统需求说明书的编写质量。第三，企业应当建立健全需求评审和需求变更控制流程。依据需求文档进行设计（含需求变更设计）前，应当评审其可行性，由需求提出人和编制人签字确认，并经业务部门与信息系统归口管理部门负责人审批。

③系统设计环节。

针对系统设计环节的主要风险，应该采取的控制措施有：第一，系统设计负责部门应当就总体设计方案与业务部门进行沟通和讨论，说明方案对用户需求的覆盖情况；存在备选方案的，应当详细说明各方案在成本、建设时间和用户需求响应上的差异；信息系统归口管理部门和业务部门应当对选定的设计方案予以书面确认。第二，企业应参照《计算机软件产品开发文件编制指南（GB8567-88）》等相关国家标准和行业标准，提高系统设计说明书的编写质量。第三，企业应建立设计评审制度和设计变更控制流程。第四，在系统设计时应当充分考虑信息系统建成后的控制环境，将生产经营管理业务流程、关键控制点和处理规程嵌入系统程序，实现手工环境下难以实现的控制功能。例如，对于某一财务软件，当输入支出凭证时，可以让计算机自动检查银行存款余额，防止透支。第五，应充分考虑信息系统环境下的新的控制风险。比如，要通过信息系统中的权限管理功能控制用户的操作权限，避免将不相容职务的处理权限授予同一用户。第六，应当针对不同的数据输入方式，强化对进入系统数据的检查和校验功能，比如凭证的自动平衡校对。第七，系统设计时，应当考虑在信息系统中设置操作日志功能，确保操作的可审计性。对异常的或者违背内部控制要求的交易和数据，应当设计由系统自动报告并设置跟踪处理机制。第八，预留必要的后台操作通道，对于必需的后台操作，应当加强管理，建立规范的操作流程，确保足够的日志记录，以保证对后台操作的可监控性。

④编程和测试环节。

针对编程和测试阶段的主要风险，应该采取的控制措施有：第一，项目组应建立并执行严格的代码复查评审制度。第二，项目组应建立并执行统一的编程规范，在标识符命名、程序注释等方面统一风格。第三，应使用版本控制软件系统（例如cVS），保证所有开发人员基于相同的组件环境开展项目工作，协调开发人员对程序的修改。第四，应区分单元测试、组装测试（集成测试）、系统测试、验收测试等不同测试类型，建立严格的测试工作流程，提高最终用户在测试工作中的参与程度，改进测试用例的编写质量，加强测试分析，尽量采用自动测试工具以提高测试工作的质量和效率。具备条件的企业应当组织独立于开发建设项目组的专业机构对开发完成的信息系统进行验收测试，确保在功能、性能、控制要求和安全性等方面符合开发需求。

⑤上线环节。

针对系统上线环节的主要风险，应该采取的控制措施有：第一，企业应当制订信息系统上线计划，并经归口管理部门和用户部门审核批准。上线计划一般包括人员培训、数据准备、进度安排、应急预案等内容。第二，系统上线涉及新旧系统切换的，企业应当在上线计划中明确应急预案，保证新系统失效时能够顺利切换回旧系统。第三，系统上线涉及数据迁移的，企业应当制订详细的数据迁移计划，并对迁移结果进行测试。用户部门应当参与数据迁移过程，对迁移前后的数据予以书面确认。

（3）其他开发方式。

在业务外包、外购调试方式下，企业对系统设计、编程、测试环节的参与程度明显低于自行开发方式，因此可以适当简化相应的风险控制措施，但同时也会因开发方式的差异产生一些新的风险，需要采取有针对性的控制措施。

①业务外包方式的关键控制点和主要控制措施。

经济学告诉人们一个道理：术业有专攻，让专业人才专注于做擅长的事情将会收获更大。信息系统项目外包让企业看到了专攻的切实好处，因为这可以让公司集中精力专注于其核心业务。然而，随着信息系统外包项目数量的逐渐增多，风险也会越来越高。任何一个环节出现问题，不但会使整个信息系统项目的进程、质量受到影响，企业的核心业务也因此会被拖累。因此，目前信息系统外包关注的焦点转向了怎样有效地管理和控制信息系统外包项目的实施。在此过程中，如何降低信息系统外包风险，提高外包成功率，成为企业进行信息系统外包的重中之重。作为一种对信息系统信息技术有效管理的最新理念和系统框架，信息系统治理在信息系统外包中的应用正引起业界的广泛关注。特别是新发布的信息系统治理最佳实践方法 ITILv3.0 版本新增加了对信息系统外包风险管理的内容。

外包必须有特定的人员来负责监督控制，其关键控制点和主要控制措施有：

第一，选择外包服务商。

针对这一环节的主要风险，应该采取的主要控制措施是：企业在选择外包服务商时要充分考虑服务商的市场信誉、资质条件、财务状况、服务能力、对本企业业务的熟悉程度、既往承包服务成功案例等因素，对外包服务商进行严格筛选；企业可以借助外包业界基准来判断外包服务商的综合实力；企业要严格外包服务审批及管控流程，对信息系统外包业务，原则上应采用公开招标等形式选择外包服务商，并实行集体决策审批。

第二，签订外包合同。

针对这一环节的主要风险，应该采取的主要控制措施是：

企业在与外包服务商签约之前，应针对外包可能出现的各种风险损失，恰当拟订合同条款，对涉及的工作目标、合作范畴、责任划分、所有权归属、付款方式、违约赔偿及合约期限等问题作出详细说明,并由法律部门或法律顾问审查把关。

开发过程中涉及商业秘密、敏感数据的,企业应当与外包服务商签订详细的"保密协定",以保证数据安全。

在合同中约定付款事宜时,应当选择分期付款方式,尾款应当在系统运行一段时间并经评估验收后再支付。应在合同条款中明确要求外包服务商保持专业技术服务团队的稳定性。

第三,持续跟踪评价外包服务商的服务过程。

企业必须有效地管理好开发过程,持续跟踪评价外包服务商的服务过程。对企业来说,开发的源头是企业的需求,是企业的业务。也就是说,企业到底要把什么东西做成企业的信息系统。很多企业认为,既然找到了开发商,就应该由开发商来做需求分析。这是一种错误的理念,因为对开发人员来说,其主要职责是把客户的需求变成代码,而他们对客户的需求并不熟悉。最熟悉业务的还是企业自己,而对于需求是否合理、是否是最优的,开发人员是很难判断的。对企业来说,一定要控制住企业的需求,要明确哪些业务是要信息化的,哪些业务是不要信息化的。另外,开发是一项智力活动。对这个活动的控制不能仅靠一个简单的合同,而是要用过程来控制活动的质量。这个过程是由一系列的子过程组成的。在这个过程中,要设一些检测标准来控制。这里有一个鞭子效应。拿一个鞭子一抖,在抖的过程中总的方向是没有错的,但每一节的方向和最终的方向都是不一致的。项目管理用流程控制也是这个道理——可能每个阶段都会有些误差,但只要你用流程来控制了,最终的效果和你最终的方向就不会有太大的误差。

针对这一环节的主要风险,应该采取的主要控制措施是:第一,企业应当规范外包服务评价、工作流程,明确相关部门的职责权限,建立外包服务质量考核评价指标体系,定期对外包服务商进行考评,并公布服务周期的评估结果,实现外包服务水平的跟踪评价。第二,必要时,可以引入监理机制，降低外包服务风险——不断评价外包商的财务能力；监督外包合同条款的执行；通过要求外包供应商定期提供一个第三方的审计报告或由客户的内部审计人员和外部审计人员定期审计其控制，对外包商控制的可靠性进行监督，确保外包商提供安全、可靠的信息系统资源；建立外包灾难恢复控制，并定期评价这些控制。如果外包商发生灾难事项，客户也应设计自己的灾难恢复程序。

②外购调试方式的主要控制措施。

在外购调试方式下，一方面，企业面临与委托开发方式类似的问题，企业要选择软件产品的供应商和服务供应商、签订合约、跟踪服务质量，因此，企业可采用与委托开发方式类似的控制措施。另一方面，外购调试方式也有其特殊之处，企业需要有针对性地强化某些控制措施。

第一，软件产品选型和供应商选择。

针对这一环节的主要风险，应该采取的主要控制措施是企业应明确自身需求，对比分析市场上的成熟软件产品，合理选择软件产品的模块组合和版本；企业在软件产品选型时应广泛听取行业专家的意见；企业在选择软件产品和服务供应商时，不仅要评价其现有产品的功能、性能，还要考察其服务支持能力和后续产品的升级能力。

第二，服务提供商选择。

针对这一环节的主要风险，应该采取的主要控制措施是：在选择服务提供商时，不仅要考核其对软件产品的熟悉、理解程度，还要考核其是否深刻理解企业所处行业的特点、是否理解企业的个性化需求、是否有过相同或相近的成功案例。

三、沟通

（一）沟通的内涵

沟通，即信息交流，是指将某一信息传递给客体或对象，以期客体做出相应反应的过程。按沟通的渠道划分，沟通可以分为正式沟通和非正式沟通。正式沟通是指在企业正式结构、层次系统进行沟通。非正式沟通是指通过正式系统以外的途径进行沟通。按沟通的对象划分，沟通可以分为内部信息沟通和外部信息沟通。内部信息沟通是指企业经营、管理所需的内部信息、外部信息在企业内部的传递与共享。外部信息沟通是指企业与利益相关者之间信息的沟通。

沟通是把信息提供给适当的人员，以便他们能够履行与经营、财务报告和合规相关的职责。但是，沟通还必须在更广泛的意义上进行，以便处理期望、个人和团体的职责及其他重要问题，没有沟通就不可能实现控制。沟通是技术性的，已经在管理工作中得到广泛的应用，但比技术更有意义的是企业组织内外部的有效交流。

（二）内部沟通的方式

充分的内部沟通对企业控制环境、控制作业、风险评估等各方面都起着至关重要的作用。企业所采取的沟通方式要能够达到顺畅沟通的目的，使员工了解自己应承担的责任、应实现的目标及这些目标对企业的影响。有效的信息沟通需要合理考虑来自不同部门和岗位、不同渠道的相关信息，并进行合理筛选和相互核对。

除了接收相关数据以便管理他们的活动以外，所有人员，尤其是那些有着重要的经营或财务管理职责的人员，需要从最高管理层那里取得一条明确的信息，即必须严格履行内部控制的职责。这条信息的明晰性及其沟通的有效性都很重要。此外，具体的责任也必须界定清楚。每个人都需要了解内部控制体系的相关部分，它们如何运行及它们各自在系统中的作用与职责。

企业员工应当采取电子沟通、书面沟通、口头沟通等多种方式，实现所需的内部信息、外部信息在企业内部准确、及时地传递和分享，确保董事会、管理层和企业员工之间有效沟通，其中：

1. 电子沟通包括互联网、电子邮件、电话传真等方式。这种沟通方式在现代企业中已经开始扮演越来越重要的角色，但是由于网络的开放性及技术上的要求,信息的安全性是值得考虑的问题。

2. 书面沟通包括例行或专题报告、调查研究报告、员工手册、内部刊物、教育培训资料等方式。书面沟通以文字为媒体,其优点是比较规范、信息传递准确度高、信息传递范围广、有据可查、便于保护。但是,书面沟通也存在缺点,如为了形式规范而耗用较长的时间,导致成本效益不对等,并且缺少反馈或反馈机制不灵敏等。

3. 口头沟通包括例行会议、专题会议、座谈会、讲座等形式。在这种形式下,沟通迅速、灵活且反馈及时,但是往往由于信息的汇总及传递机制不到位导致信息失真的可能性较大。

内部沟通应当重点关注以下方面:

第一,明确的职责和有效的控制。

各部门定期组织对本部门员工进行相关岗位培训,使员工明确其行为要达到的目标及自己的职责与他人的职责如何相互影响。

人事部门根据公司制定的各种绩效考核办法对各级人员进行绩效考核,并及时将考核结果反馈给被考核人,以有效检查各级人员对其职责的理解和有效控制。

第二,内部沟通与交流。

管理层定期向董事会就最新的业绩、发展、风险、重要事件或事故等问题进行汇报。公司管理层定期或不定期召开各种会议,及时与相关职能部门领导、下属单位负责人就生产、运营等情况进行沟通、交流。

财务部门应该定期向各部门交流和通报财务状况、经营成果、预算执行情况等,还定期将应收账款情况反馈给销售(信用)部门和清欠办公室。

生产部门应该与销售部门定期沟通,以确保生产出的产品不至于积压或者生产不至于满足不了市场的需求。

采购部门、下属单位采购部门应该定期组织与其他业务部门就采购需求、价格信息、采购经验等方面进行沟通与交流。

员工除了正常向其直属上级汇报工作这一沟通渠道之外，还可以通过各种方式与本单位主要领导进行直接沟通，将公司各职能部门负责人的联系方式公布在通讯录上，员工可以通过电话、邮件、面谈等方式与其直接进行沟通、交流。

公司员工需要有在组织中向上传递重要信息的渠道，可以通过书信（可匿名）、电话、电子邮件等形式，向审计部门或内部控制与企业风险管理部门反映违规违纪问题及有关意见、建议和要求。在问题发生时，每天处理重要经营事项的一线员工常常处在认识问题的最佳位置。销售代表或客户主管可能了解重要客户的产品设计需求。生产人员可能发现高成本的流程缺陷。采购人员可能面临来自供应商的不当刺激。会计部门的员工可能知悉销售额或库存的虚报，或发觉出于私人利益使用主体资源的情形。要想使这些信息得以向上汇报，必须既有开放的沟通渠道，又有明确的倾听意愿。员工必须相信他们的上级确实想了解问题，并且将会有效地解决问题。同时，公司应规定对举报的处理时限及查报结果的要求。对举报属实、查处后为公司挽回或减少重大损失的，应酌情奖励举报人。

公司组织开展合理化建议活动，鼓励员工对公司管理、生产、研发等各方面提出合理化建议，并对有突出贡献的单位和个人给予适当的奖励。

管理层与董事会及其委员会之间的沟通至关重要。管理层必须让董事会了解最新的业绩、发展、风险、主要行动及其他任何相关的事项或情形。与董事会沟通越好，董事会就能越有效地行使监督职责，在重大事项上起到尽责的董事会的作用，并提供建议和忠告。反过来也一样，董事会也应该与管理层沟通所需的信息，并进行指导和反馈。以管理层与审计委员会的沟通为例，审计委员会可能关注的问题包括：公司主要的经营风险是什么？这些风险是否在财务报表中适当地反映出来了？对于未能在财务报表中反映出来的重大风险，管理层对此是如何处理的？

向公司董事会提供的关于公司业绩的相关信息,与通过财务报告和信息披露向投资者提供的业绩信息是否一致?管理层应就上述问题尽量与审计委员会成员沟通。

(三)外部沟通的方式

若要实现良好的内部控制,不但要有适当的内部沟通,外部沟通也是必不可少的。企业有责任建立良好的外部沟通渠道,对外部有关方面的建议、投诉和收到的其他信息进行记录,并及时予以处理、反馈。通过开放的沟通渠道,客户和供应商就能够对产品或服务的设计或质量提供非常重要的信息,从而使公司能够应对不断变化的客户需求和偏好。有效的外部沟通既可以扩大企业的影响力,又可以使企业获得很多有效内部控制的重要信息。

来自外部各方的沟通通常会提供有关内部控制体系运作的重要信息。外部审计师对主体经营和相关业务活动及控制体系的了解,可以为管理层和董事会提供重要的控制信息。

外部沟通应当重点关注以下几个方面:

1. 与投资者和债权人的沟通

投资者和债权人是企业资本的提供者,也是企业风险的主要承担者。因此,企业有必要向他们及时报告企业的战略规划、经营方针、投融资计划、年度预算、经营成果、财务状况、利润分配方案及重大担保、合并分立、资产重组等方面的信息。

在过去的20年中,电话会议已经成了管理层与财务分析师进行沟通的一种常见形式。如果公司财务报表数据难以及时反映公司经营的基本面,那么采取电话会议的形式进行沟通更有效。在20世纪90年代,美国公司通常与分析师和机构投资者举行非公开的见面会。然而,根据2000年10月在美国开始生效的《公平披露原则》(Regulation Fair Disclosure),美国证券交易委员会(SEC)力促企业将这些见面会公开。《公平披露原则》要求,向证券分析师和专业投资者非公开提供的重要信息，必须同时（或者迅速地在提供信息之后）向公众披露。虽然《公平披露原则》减少了管理层在私人会议中披露的信息量，然而最近的研究显示，该原则通过减少选择性披露，使得电话会议提高了分析师预测的准确性和一致性。

我国企业应当根据《中华人民共和国公司法》《中华人民共和国证券法》等法律、法规及企业章程的规定，通过股东（大）会、投资者会议、定期报告等方式，向投资者和债权人提供企业信息，听取他们的意见和要求，妥善处理企业与投资者和债权人之间的关系。

由证监会颁布的《上市公司投资者关系管理工作指引》中规定：上市公司与投资者关系工作的基本原则包括充分披露、合规披露、投资者机会均等、诚实守信、高效低耗、互动沟通，以此来促使公司管理层高度重视与投资者之间的沟通。企业应当多渠道、多层次地与投资者和债权人进行沟通，增强他们及潜在投资者对企业的了解和信心。

财务报告是管理层与外部投资者沟通的重要媒介。财务报告向投资者们解释了他们的钱是如何用于投资的，这些投资的业绩如何，以及公司当前业绩是如何与公司整体文化和战略保持一致的。

财务报告不仅提供了公司已发生交易的记录，还反映了公司管理层对于公司未来的估计和预测。例如，财务报告中包括对于坏账的估计、对于有形资产使用寿命的预测，此外，财务报告中还隐含了一种预测，即公司的支出在未来将会产生超过成本的现金流量收益。与外部投资者相比，公司管理层更容易对公司的未来做出准确的预测，因此，财务报告是一种潜在的与投资者进行沟通的有效方式。然而，如同我们已经讨论过的那样，投资者们也很容易对管理层提供的财务报告产生怀疑。美国的《萨班斯—奥克斯利法案》要求CEO和CFO必须保证公司的财务报告公允地反映了公司的财务业绩，同时保证公司的内部控制足以支持财务报告。该项要求增加了公司管理层的责任和义务，同时也减轻了外部投资者的怀疑。

2. 与客户的沟通

客户是企业产品和服务的接受者或消费者。企业经营目标的实现依赖于客户的配合。企业可以通过客户座谈会、走访客户等多种形式，定期听取客户对消费偏好、销售政策、产品质量、售后服务、货款结算等方面的意见和建议，收集客户需求和客户的意见，妥善解决可能存在的控制不当问题。

3. 与供应商的沟通

供应商处于供应链的上游，对企业的经营活动有很强的制约能力。企业可以通过供需见面会、订货会、业务洽谈会等多种形式与供应商就供货渠道、产品质量、技术性能、交易价格、信用政策、结算方式等问题进行沟通，及时发现可能存在的控制不当问题。

4. 与中介机构的沟通

这里的中介机构主要包括外部审计师和律师。外部审计师对企业的财务报告进行审计，通过一系列完善的审计程序通常能够发现企业日常经营及财务报告中存在的问题。外部审计师会关心如下问题：公司主要的经营风险是什么？这些风险是否在公司的财务报表中被适当地反映出来了？我们的审计测试应侧重于哪些方面？我们对公司业绩的评估是否与外部投资者及分析师的评估相一致？如果不一致，我们是否忽略了某些方面，或者管理层在披露时是否误报了公司的真实业绩？企业应当定期与外部审计师进行会晤，听取外部审计师关于财务报表审计、内部控制等方面的建议，以保证内部控制的有效运行及双方工作的协调。企业在组织经济活动时，不可避免地要与其他企业发生经济纠纷，因此需要聘请律师来帮助处理纠纷，以保障企业的利益。同时，由于我国的经济法规逐渐健全和明细，企业需要熟悉经济法规的专业人员参与经济项目的制定与实施过程。企业可以根据法定要求和实际需要，聘请律师参与有关重大业务、项目和法律纠纷的处理，并保持与律师的有效沟通。

5. 与监管机构的沟通

监管机构对企业的经营方针和战略有重要的影响。企业应当及时向监管机构了解监管政策和监管要求及其变化，并相应完善自身的管理制度。同时，企业应认真了解自身存在的问题，积极反映诉求和建议，努力加强与监管机构的协调。

沟通是双向的。在传递信息后，信息传递者的任务并没有结束，还应积极从信息接收者那里获取反馈信息，以促进信息获取质量的改进和信息传递程序的优化。通过沟通，企业员工能够明确他人的信息需求，并对自己的职责有更清晰的认识，从而有助于工作的顺利完成和效率的提高。

第三章 企业财务管理概述

第一节 企业财务管理的概念

企业财务管理（Financial Management），是企业组织财务活动、处理财务关系的一项经济管理工作。企业财务管理是公司管理的一个重要组成部分，是社会经济发展到一定阶段的产物。

一、企业财务活动

企业财务活动是以现金收支为主的企业资金收支活动的总称，具体表现为企业在资金的筹集、投资及利润分配活动中引起的资金流入及流出。

（一）企业筹资引起的财务活动

企业从事经营活动，必须要有资金。资金的取得是企业生存和发展的前提条件，也是资金运动和资本运作的起点。企业可以通过借款、发行股票等方式筹集资金，表现为企业的资金的流入。企业偿还借款，支付利息、股利及付出各种筹资费用等，则表现为企业资金的流出。这些因为资金筹集而产生的资金收支，便是由企业筹资引起的财务活动。

企业需要多少资金，资金从哪来，以什么方式取得，资金的成本是多少，风险是否可控等一系列问题需要财务人员去解决。财务人员面对这些问题时，一方面要保证筹集的资金能满足企业经营与投资的需要；另一方面还要使筹资风险在企业的掌握之中，以免企业以后由于无法偿还债务而陷入破产境地。

（二）企业投资引起的财务活动

企业筹集到资金以后，使用这些资金以获取更多的价值增值，其活动即为投资活动,相应产生的资金收支便是由企业投资引起的财务活动。

投资活动包括对内投资及对外投资。对内投资主要是使用资金以购买原材料、机器设备、人力、知识产权等资产,自行组织经济活动方式获取经济收益。对外投资是使用资金购买其他企业的股票、债券或与其他企业联营等方式获取经济收益。对内投资中,公司用于添置设备、厂房、无形资产等非流动资产的对内投资由于回收期较长,又称对内长期投资。对内长期投资通常形成企业的生产运营环境,形成企业经营的基础。企业必须利用这些生产运营环境,进行日常生产运营,组织生产产品或提供劳务,并最终将所产产品或劳务变现方能收回投资。日常生产运营活动也是一种对内投资活动,这些投资活动主要形成了应收账款、存货等流动资产,资金回收期较短,故又被称为对内短期投资。

企业有哪些方案可以备选投资、投资的风险是否可接受、有限的资金如何尽可能有效地投放到最大报酬的项目上是财务人员在这类财务活动中要考虑的主要问题。财务人员面对这些问题时,一方面要注意将有限的资金尽可能加以有效地使用以提高投资效益,另一方面要注意投资风险与投资收益之间的权衡。

(三)企业利润分配引起的财务活动

从资金的来源看,企业的资金分为权益资本和债务资本两种。企业利用这两类资金进行投资运营,实现价值增值。这个价值增值扣除债务资本的报酬即利息之后若还有盈余,即为企业利润总额。我国相关法律法规规定企业实现的利润应依法缴纳企业所得税,缴纳所得税后的利润为税后利润,又称为净利润。企业税后利润还要按照法律规定按以下顺序进行分配:一是弥补企业以前年度亏损;二是提取盈余公积金;三是提取公益金,用于支付职工福利设施的支出;四是向企业所有者分配利润。这些活动即为利润分配引起的财务活动。

利润分配活动中尤为重要的是向企业所有者分配利润。企业需要制定合理的利润分配政策，相关政策既要考虑所有者近期利益的要求，又要考虑企业的长远发展，留下一定的利润用作扩大再生产。

上述财务活动的三个方面不是相互割裂、互不相关的，而是相互联系、互相依存的。因此，合理组织这些财务活动即构成了财务管理的基本内容，即筹资管理、投资管理及利润分配的管理三个方面。由于投资活动中的对内短期投资主要用于企业的日常运营，是企业最为频繁且相当重要的财务活动，因此也有学者将财务管理的基本内容分为筹资管理、投资管理、营运资本管理、利润及其分配的管理四方面内容，本书亦认可此观点。

二、企业财务关系

企业在组织财务活动过程中与其利益相关者之间发生的经济关系即为企业财务关系。在企业发展过程中，离不开各种利益相关者的投入或参与，比如股东、政府、债权人、雇员、消费者、供应商，甚至是社区居民。他们是企业的资源，对企业生产经营活动能够产生重大影响。企业要照顾到各利益相关者的利益才能使企业生产经营进入良性循环状态。

（一）企业与其所有者之间的财务关系

企业的所有者是指向企业投入股权资本的单位或个人。企业的所有者必须按投资合同、协议、章程等的约定履行出资义务，及时提供企业生产经营必需的资金；企业利用所有者投入的资金组织运营，实现利润后，按出资比例或合同、章程的规定，向其所有者分配利润。企业同其所有者之间的财务关系体现着所有权的性质，反映着经营权和所有权的关系。

（二）企业与其债权人之间的财务关系

企业除利用所有者投入的资本金进行经营活动外，还会向债权人融入一定数量的资金以补充资本金的不足或降低企业资本成本。企业债权人是指那些对企业提供需偿还的资金的单位和个人,包括贷款债权人和商业债权人。贷款债权人是指给企业提供贷款的单位或个人;商业债权人是指以出售货物或劳务形式提供短期融资的单位或个人。

企业利用债权人的资金后,对贷款债权人,要按约定还本付息;对商业债权人,要按约定时间支付本金,若约定有利息的,还应按约定支付利息。企业同其债权人之间体现的是债务与债权的关系。

(三)企业与其受资者之间的财务关系

企业投资除了对内投资以外,还会以购买股票或直接投资的形式向其他企业投出股权资金。企业按约定履行出资义务,不直接参与被投资企业的经营管理,但按出资比例参与被投资企业的利润及剩余财产的分配。被投资企业即为受资者,企业同其受资者之间的财务关系体现的是所有权与经营权的关系。

(四)企业与其债务人之间的财务关系

企业经营过程中,可能会有闲置资金。为了有效利用资金,企业会去购买其他企业的债券或向其他企业提供借款以获取更多利息收益。另外,在激烈的市场竞争环境下,企业会采用赊销方式促进销售,形成应收账款,这实质上相当于企业借给了购货企业一笔资金。这两种情况下,借出资金的企业为债权人,接受资金的企业即为债务人。企业将资金借出后,有权要求其债务人按约定的条件支付利息和归还本金。企业同其债务人的关系体现的是债权与债务关系。

(五)企业与国家之间的财务关系

国家作为社会管理者,担负着维护社会正常秩序、保卫国家安全、组织和管理社会活动等任务。国家为企业生产经营活动提供公平竞争的经营环境和公共设施等条件,为此所发生的"社会费用"须由受益企业承担。企业承担这些费用的主要形式是向国家缴纳税金。依法纳税是企业必须承担的经济责任和义务,以确保国家财政收入的实现;国家秉承着"取之于民,用之于民"的原则,将所征收的税金用于社会各方面的需要。企业与税务机关之间的关系反映的是依法纳税和依法征税的义务与权利的关系。

（六）企业内部各单位之间的财务关系

企业是一个系统，各部门之间通力合作，共同为企业创造价值。因此各部门之间关系是否协调，直接影响企业的发展和经济效益的提高。企业目前普遍实行内部经济核算制度，划分若干责任中心，分级管理。企业为了准确核算各部门的经营业绩，合理奖惩，各部门间相互提供产品和劳务要进行内部结算，由此而产生了资金内部的收付活动。企业内部各单位之间的财务关系实质体现的是在劳动成果上的内部分配关系。

（七）企业与员工之间的财务关系

员工是企业的第一资源，员工又得依靠企业而生存，两者相互依存。正确处理好公司与员工之间的关系，对于一个公司的发展尤为重要，也是一个公司发展壮大的不竭动力。员工为企业创造价值，企业将员工创造的价值的一部分根据员工的业绩作为报酬（包括工资薪金、各种福利费用）支付给员工。企业与员工之间的财务关系实质体现的也是在劳动成果上的分配关系。

第二节 企业财务管理的环境

与公司的其他经营决策一样，公司财务活动也要受周围环境的制约和影响，多变的环境可能带来机遇，也可能引来麻烦。企业财务管理的环境是指对企业财务决策产生影响的外部条件，涉及的范围很广，经济、法律、金融、社会人文、自然资源等都具有十分重要的影响力，其中最重要的是宏观经济环境、法律环境、金融市场环境及社会文化环境。

一、宏观经济环境

宏观经济环境是指影响公司财务决策的宏观经济状况，如宏观经济发展速度和水平、经济波动、通货膨胀等。从某种意义上看，宏观经济发展速度是各经济单位发展速度的平均值，一个企业要跟上行业整体的发展并在行业中维持它的地位，至少要保持与宏观经济同样的增长速度。经济周期波动则要求公司适时迅速调整财务策略以适应这种变化。例如，在经济萧条阶段，整个宏观环境不景气，公司将面临产品销售受阻、资金紧缺、利率上涨等困难，需要采取缩减管理费用、放弃次要利益、削减存货、尽量维持生产份额、出售多余设备、转让一些分部、停止扩张和增加雇员等措施。在繁荣时期，市场需求旺盛，销售大幅度上升，企业则要采取迅速筹集资金、扩充厂房设备、建立存货、提高价格、开展营销规划等措施。虽然政府总是力图减少不利的经济波动，但事实上，经济有时过热，有时过冷，公司财务决策必须能够应对这种波动。

通货膨胀是经济发展中最为棘手的宏观经济问题。通货膨胀导致公司产品成本上升，资金需求和资金成本增加，会影响企业的投资收益率和企业资产的价值等,对公司财务活动的影响极为严重。在通货膨胀期间,公司为了实现预期的报酬率就必须采取各种办法调整收入和成本,如利用套期保值、提前购买设备和存货、买进现货、卖出期货等方法尽可能减少损失。利息率波动会引起贷款利率变化,股票债券价格变动,直接影响企业的投资收益和利润,影响企业的筹资成本。因此,如何应对利息率波动也是对公司财务管理活动的挑战。政府对某些地区、某些行业、某些经济行为的优惠和鼓励构成了政府主要的经济政策。由于我国目前的管理体制形成了政府政策的多层次性,并根据经济状况的变化而不断调整,公司财务决策应能够利用好这些政策并为政策的变化留有余地,甚至预见其变化趋势。此外,来自行业的竞争、技术发展水平和速度的变化等都是对公司财务决策的挑战。

目前,我国已步入经济发展新常态,我国的经济发展也呈现出一些新的特征。进入新常态后,我国经济正在向形态更高级、分工更复杂、结构更合理的阶段演化,经济增速正从高速增长转向中高速增长,经济发展方式正从规模速度型粗放增长转向质量效率型集约增长,经济结构正从增量扩能为主转向调整存量、做优增量并存的深度调整,经济发展动力正从传统增长点转向新的增长点。对于这些变化,可以从三个方面来理解:

第一,增速换挡是经济发展新常态的重要标志。从高速增长转为中高速增长,不是单纯受经济周期波动的影响,而是经济增长阶段的根本性转换。需要注意的是,增速"换挡"是"减速""调速",而不是"失速"。"减速"主要体现在三个方面:一是边际性减速。基数上去了,速度下来属情理之中。在技术条件和经济结构未发生重大变化的前提下,要素边际收益递减是必然规律,增速的回落实际上是一种"理性的回归"。

二是结构性减速。从人口结构看,近年来我国劳动力开始出现绝对地减少,供养人口增加。人口抚养比的上升和储蓄率的下降,导致了人口红利减弱和投资率降低。从产业结构看,在工业化中后期,要素投入从工业部门向服务业部门转换的过程中,劳动生产率通常会出现一定程度的下降,由此带来增速回落。

三是主动性调速。主动调速,可以为转调留出余地,为改革腾出空间,以速度的调整换取技术进步、体制优化和结构升级,确保实现"实实在在和没有水分的增长"。

第二,结构优化是新常态的本质要求。增速的再调整、阶段的再转换,所追求的就是经济结构不断优化升级,推动发展向中高端水平迈进,主要体现在四个方面。一是经济发展的牵引力由第二产业向第三产业转变。按照国际经验,在向高收入国家迈进的过程中,服务业比重呈现加速上升态势。目前我国也正在经历由工业型经济向服务型经济转变的重要时期。二是经济发展由投资拉动向消费拉动转变。从中长期看,美英日韩等国家在向高收入国家迈进过程中,消费对经济增长的贡献率呈不断上升趋势。随着发展型消费、服务型消费和新型消费热点的不断涌现,我国的消费需求将进一步扩大,成为经济中高速增长的重要支撑。三是城乡区域发展向一体化转变。自 2003 年开始,我国东部地区人均 GDP 增速开始低于全国平均水平。四是收入结构向居民收入占比提高转变。改革开放以来,我国 GDP 年均增长 9.8%,国家财政收入年均增长 14.6%,而城镇居民人均可支配收入和农村居民人均纯收入年均增长仅为 7.4% 和 7.5%。近几年,这一趋势发生了积极变化,2012 年以来城乡居民收入增速超过了 GDP 增速,人民群众正在更多地分享改革发展成果。

第三,动力转换是新常态的关键所在。从要素驱动、投资驱动转向创新驱动,是保持经济有质量、有效益、可持续发展的必由之路。新常态下,实现发展向中高端迈进,必须紧紧依靠改革、创新和人力资本。创新是根本动力。在创新驱动阶段,创新不再是经济发展的要素之一,而是决定未来成败的唯一要素,不论是技术的创新、机制的创新,还是模式的创新、流程的创新,未来都呈现出开放化、链条化、集成化、平台化趋势。人才是根本保障。人力素质的提升是解决好新常态下"人口红利"向"人才红利"转变的关键,是新常态动力来源之根本。必须不断转变人才观念,创新人才培养、引进和使用模式。改革开放以来,我国各领域改革持续推进并取得了明显成效,成为"中国奇迹"的重要驱动力量。全面深化改革的重要目的,就是要为创新拓宽道路,最大限度地激发市场蕴藏的活力,把创新引擎全速发动起来,为稳增长、调结构、惠民生提供强劲动力。

二、法律环境

公司财务决策的法律环境是指公司必须遵循的各种法律、法规和规章制度。一般而言,国家管理经济活动和经济关系的手段主要有行政手段、经济手段和法律手段。在市场经济条件下,越来越多的经济关系和经济活动的准则被用法律的形式固定下来,行政手段逐步减少,而经济手段,特别是法律手段日益增多。企业在进行各种各样的财务活动、处理由此产生的各种财务关系时,必须遵守有关的法律规范,企业不懂法就好比走进了地雷区,随时都会有危险。

(一)企业组织法律、法规

我国先后颁布过许多与企业组织相关的法律、法规。按照所有制框架,有《中华人民共和国全民所有制工业企业法》《中华人民共和国城镇集体所有制企业条例》《中华人民共和国乡镇企业法》《中华人民共和国私营企业暂行条例》《中华人民共和国外资企业法》等。按照责任制框架,则有《中华人民共和国公司法》《中华人民共和国个人独资企业法》《中华人民共和国合伙企业法》等。这些法律、法规既是企业的组织法又是企业的行为法。例如,个人独资企业的财务优势是:由于企业主对企业的债务承担无限责任,法律对这类企业的管理就比较松,设立企业的条件不高,设立程序简单,所有权能够自由转让;由于所有者与经营者合为一体,故没有代理成本,且经营方式灵活,财务决策迅速,也不存在公司制企业的双重纳税问题。但个人独资企业也存在很多财务劣势：由于个人财力有限，企业规模小，发展慢；受信用程度不足的限制，对债权人缺少吸引力，筹资能力较弱，难以投资资金密集、规模生产的行业；受业主能力和素质、资金规模的影响，企业抵御风险的能力较差；另外，还必须承担无限的债务责任。

（二）工商税收法律、法规

税负是企业的费用，引起企业的现金流出，了解税收制度、熟悉税法无疑对公司财务决策具有至关重要的意义。我国各类不同经济性质的企业应纳的税种主要有增值税、消费税、营业税、关税、所得税、城市维护建设税、房产税、车船使用税、印花税、固定资产投资方向调节税、土地使用税、土地增值税、资源税和教育附加费等。税种的设置、税率的调整都会对公司的生产经营活动成果产生影响。

（三）财务法律、法规

财务法规是企业进行财务活动、实施财务管理的基本法规，主要包括《企业财务通则》和行业财务制度。《企业财务通则》对企业资本金制度的建立、固定资产折旧、成本的开支范围、利润分配等问题做出了规定，是各类企业财务活动必须遵循的原则和规范。行业财务制度是根据不同行业的特点而制定的行业财务规范。

除上述法律、法规外，与企业财务活动密切相关的法律、法规还有很多，如证券法、基金法、合同法、破产法等，公司财务决策应善于掌握法律界限，充分利用法律工具实现公司财务决策的目标。

三、金融市场环境

金融市场是与商品市场、劳务市场和技术市场并列的一种市场，在这个市场上活跃着各种金融机构、非金融机构和个人，这些机构、企业和个人在市场上进行货币和证券的交易活动。所有的企业都在不同程度上参与金融市场。金融市场上存在着多种方便而又灵活的筹资工具，公司需要资金时,可以到这里寻找合适的工具筹集所需资金;当公司有了剩余资金时,也可在这里选择投资方式,为其资金寻找出路。在这里,公司通过证券买卖、票据承兑和贴现等金融工具实现长、短期资金的转换,以满足公司的经营需要。在这里,公司通过远期合约、期货合约和互换合约等各种套利、投机和套期保值的手段,可化解、降低、抵消可能面临的利率风险、汇率风险、价格风险等。金融市场还可为企业财务决策提供有意义的信息。金融市场的利率变动反映资金的供求状况,有价证券市场的行情反映投资人对企业经营状况和盈利水平的评价。没有发达的金融市场,经济就会遇到困难;不了解金融市场,企业就无法做出最优的财务决策。

第三节 企业财务管理的目标

目标是系统运行所希望实现的结果，其具有导向、激励、凝聚及考核作用，正确的目标是系统良性循环的前提。企业财务管理目标（简称财务目标）对企业财务管理系统的运行也具有同样的意义，是评价企业理财活动是否合理的基本标准，是财务管理实践中进行财务决策的出发点和归宿。

财务目标具有层次性，其可以按一定标准划分为整体财务目标、分步财务目标及具体财务目标三类不同的层次。整体财务目标又称总财务目标，是一段时期内公司全部财务管理活动应实现的根本目标。整体财务目标比较笼统，必须将其进行逐步、分层分解，制定更为细致、可操作性的目标。将各层次目标分解至不可或无须再分解的程度的目标即为具体目标，即各部门可立即付诸实现的目标。整体目标与具体目标之间的分层次目标则被称为分步目标。整体目标处于支配地位，决定着分步目标及具体目标；整体目标的实现又有赖于分步目标及具体目标的科学实施与整合。

受社会政治环境、经济环境的影响，财务目标具有阶段性的特点：不同时期、不同财务环境下，财务目标是不一样的；即使是在同一时期，不同企业由于所面临的具体经营环境不同，财务目标也不尽相同。财务目标还具有稳定性的特点。若财务目标朝令夕改，会令企业管理人员无所适从，也就没有目标可谈了。因此，财务目标应是阶段性与稳定性的统一，即一个企业一旦确立了某一个财务目标，这一财务目标在一段时间内将会保持稳定不变。

一、企业财务管理整体目标

如上所述,不同时期、不同政治经济环境下有不同形式的财务管理整体目标。自1949年中华人民共和国成立至今,随着我国经济的发展、经济环境的变革,我国先后出现了以下四种形式的财务管理整体目标。

(一)产值最大化

产值是指生产出的产品的价值。产值最大化目标是指企业以一段时期内生产的产品价值为考核目标。企业领导人职位的升迁,职工个人利益的多少,均由完成的产值计划指标的程度来决定。

产值最大化是中国、苏联及东欧各个社会主义国家在计划经济体制下实行的。1949年中华人民共和国成立伊始,中国的经济极为困难,物质资料极其匮乏,当时最迫切的任务是尽可能多地生产出人们所需要的物品。在当时条件下,这一整体目标对尽快恢复生产、恢复经济、发展经济、满足人民基本生活需求具有非常重大的意义。但是,随着经济的发展,计划经济体制逐渐对经济发展产生了极大的束缚作用,总产值最大化也越来越暴露其自身的特点:只求数量,不求质量;只讲产值,不讲效益。一方面,之前由于物资缺乏,人们对产品的质量及个性化的设计的要求并不高,企业的产品只要能生产出来,就能销售出去,从而造成了企业对产品质量及品种的多样性方面重视不足。另一方面,因为产值最大化并不考核成本,管理层只要能增加总产值,不管产品能否适销对路,也不管是否能以高于产品成本的价值销售出去,获得真正的价值增值。但是随着技术、经济的不断发展,越来越多的产品出现了剩余,人们不再是"饥不择食",而是开始注重产品的质量及个性化的特点。显然,若仍以产值最大化为整体目标已不再适合,否则其结果是导致产品销售不出去,积压在仓库中,最后贬值甚至全部报废,"赔了夫人又折兵"。为克服产值最大化目标存在的缺陷,利润最大化目标被提了出来。

（二）利润最大化

利润最大化目标是指企业以一段时期内实现的会计利润为考核目标。企业领导人职位的升迁、职工个人利益的多少，均根据实现的会计利润的多少来决定。

利润是一定时期收入扣除成本后的余额，代表了这段时期企业新创造的价值增值，利润越多则企业的财富增加得越多。企业生产出来的产品只有被销售出去才能确认收入，并且要以高于成本的价格销售出去，才能获取正的利润。在市场竞争日益激烈的情况下，只有质量好，满足消费者个性化需求的产品才能畅销。因此，利润最大化目标可以克服上述讨论的产值最大化目标导致的缺陷。利润最大化目标早在19世纪初就被西方企业广泛运用。我国自1978年经济体制改革以后，市场经济模式逐渐确立，企业面向市场自主经营、自负盈亏，利润最大化目标替代了产值最大化目标被我国企业广为采用。

利润最大化目标并非没有缺点，随着经济环境的不断变化，其缺点也逐渐显现。

1. 没有考虑资金的时间价值

会计利润是按照权责发生制原则进行核算的，会计利润中含有未达账项，通常会计利润与实际收到现金的利润是不相等的，则据此目标，有可能会导致错误的决策。例如：A、B两个投资项目，投资成本均为800万元，收入均为900万元，其会计利润都是100万元；但在一时间内A项目的所有收入均已收回，而B项目的收入尚有500万元未收回。若按利润最大化目标来评价这两个项目，应是两个方案都可行。可是此例中，显然A项目更好一些。

2. 没有有效考虑风险问题

利润最大化目标容易引导管理层选择投资项目时尽可能选择利润高的项目。殊不知，高风险往往伴随着高利润，管理层决策时若不考虑风险一味追求高利润，会将企业带上"不归路"。

3. 可能导致管理层的短期行为

影响利润的因素主要有收入与成本两大类因素。若收入没有增加，成本降低也可增加利润。因此，有些企业在未能有效"开源"的情况下，会采取一些短期行为，如减少产品开发、人员培训、设备更新方面的支出来提高当期的利润以完成任务。更有甚者，有些管理层有可能人为调节利润，使企业表面利润增加，实际企业财富并未增加，反而会因兑现虚假绩效而降低。这显然对企业的长期发展极为不利。为克服利润最大化目标存在的缺陷，股东财富最大化目标、企业价值最大化目标相继被提出。

（三）股东财富最大化

企业主要是由股东出资形成的，股东是企业的所有者。股东财富即企业的所有者拥有的企业的资产的价值。在股份制公司中，股东的财富就由其所拥有股票的数量和每股股票的市场价格来决定。当股票数量一定时，股票价格达到最高，就能使股东财富价值达到最大。因此，股东财富最大化最终体现为股票价格最大化。股东财富最大化目标是指企业以一段时期后的股票价格为考核目标。企业领导人职位的升迁、职工个人利益的多少，均根据股票价格的高低来决定。

（四）企业价值最大化

为了克服股东财富最大化目标存在的缺陷，企业价值最大化目标"应声"出现。

对企业价值的评价不仅评价企业已经获得的利润水平，更重要的是评价企业获得未来现金流入的能力和水平。因此，企业价值是能反映企业潜在或预期获利能力的企业全部资产的市场价值。企业的价值与预期的报酬成正比，但与风险成反比。此外，在寻求企业价值最大化的过程中，必须考虑和兼顾相关利益者之间的利益，并使之达到平衡，否则将不利于企业财务关系的协调，进而影响企业价值最大化的实现。

企业价值最大化目标除了具备股东财富最大化目标所具有的优点

外,还具有兼顾了股东以外的利益相关者的利益的优点,但在计量上,尤其是非上市公司企业价值的计量上仍存在一定的缺陷。

企业在确立财务整体目标时必须注意目标的唯一性,即上述目标均可作为企业的整体目标,但只能取其一,否则会因找不清方向而造成企业管理混乱。就我国国情来看,上述四种财务目标中,产值最大化目标已经过时,当前已没有任何企业再以此为整体财务目标了。利润最大化,股东财富最大化及企业价值最大化目标仍不同程度地被企业采用。利润最大化目标目前主要为非股份制企业及非上市股份制企业所采用,股东财富最大化目标目前主要为股份制企业尤其是股份制上市企业所采用;企业价值最大化目标由于其相对其他目标来说更为理想化,目前为少数有社会责任意识的股份制企业所采用。

二、财务管理目标相关的利益冲突

正所谓"众口难调",企业众多的利益相关者的利益不可能完全一致,企业的财务目标不可能让所有的利益相关者绝对满意,从而使得某些利益相关者之间产生一定的利益冲突。这些利益冲突是否能被有效协调直接关系到财务目标的实现程度。若想有效协调这些利益冲突,则必须了解这些利益冲突及产生的根源。

(一)股东与管理层的利益冲突

并不是所有的股东都懂经营,而资本只有运动起来才可能增值,那谁能来完成这个增值任务呢?现代公司制企业强调企业所有权与经营权分离,为那些不懂经营却想为自己掌握的资本寻找增值机会的人及懂经营却没有资本的人(职业经理人)提供了一个合作的契机,实现资源、人力的最优化配置。股东聘用职业经理人来帮他们管理企业,这些职业经理人被称为管理层。管理层追求个人收入最大化,社会地位、声誉的提高,权力的扩大及舒适的工作条件;但股东则追求公司利润和股东权益最大化。由于信息的不对称,当管理层期望的回报得不到满足时,则有可能会通过消极怠工、在职消费、利用企业资源谋取私利等手段寻求心理平衡，最终股东的利益亦将受到伤害，由此便产生了股东与管理层之间的利益冲突。

（二）大股东与中小股东的利益冲突

企业的股东众多，若每个股东都希望自己的意愿在企业得以实现，则企业的运作秩序将会陷于紊乱。因此股东们需要遵循一定的股东会表决制度将意愿合法地表示出来。当前股东会有"资本多数决"及"多重表决"两种制度。资本多数决制度是指在股东大会上或者股东会上，股东按照其所持股份或者出资比例对企业重大事项行使表决权，经代表多数表决权的股东通过，方能形成决议。此种情况下，企业股本结构按同股同权的原则设计，股东持有的股份越多，出资比例越大，所享有的表决权就越大。多重表决制度是指一股享有多个表决权的股份，其是建立在双重股权结构基础之上的。双重股权结构是指上市公司股本可以同股不同权，通常是一般股东一股一票，但公司少数高管可以一股数票。是否允许多重表决权股，各国规定颇不一致：日本一般不允许多重表决权股，美国则允许公司章程规定多重表决权股。我国最新《中华人民共和国公司法》第四十二条规定股东会会议由股东按照出资比例行使表决权，但是，公司章程另有规定的除外。

在实行资本多数决制度的企业，大股东在股东大会上对企业的重大决策及在选举董事上实质上都拥有绝对的控制权。若大股东控制并积极行使控制权来管理企业，中小股东可以用相对较低的成本获取收益，得到"搭便车"的好处。但是若大股东利用其垄断性的控制地位做出对自己有利而有损于中小股东利益的行为，则大股东与中小股东之间即产生利益冲突。

（三）股东与债权人的利益冲突

企业的资金来源于股东投入的股权性质资金及债权人投入的债务性质的资金。当企业盈利时，股东权益增加，债权人的本金及利息偿付将会得到有力的保障；当企业亏损时，股东权益减少，但只要没有出现资不抵债的情况，债权人的利益仍是有保障的，其本金及利息仍将被全额偿付；当股东权益不断减少甚至接近于零时，债权人的本金及利息将不会得到完全的清偿。相比而言，企业股东的风险比企业债权人的风险偏高。有时股东会不考虑债权人的利益，投资于一些比债权人期望风险更高的项目，若成功，由于财务杠杆的作用，收益归股东所有，债权人不会得到额外收益；若失败导致股东权益为负时，债权人将遭受损失。对债权人来说，这时的风险与报酬是不对等的。债权人为保护其利益不受损害，通常会与企业签订一个限制性的条款。但这些限制性条款又可能会影响股东获得更高收益，从而形成股东与债权人之间的利益冲突。

第四章 农业企业财务管理概述

第一节 农业企业财务管理

一、农业生产的特点及其对财务管理的影响

农业生产受自然条件制约，经济再生产过程与自然生产过程相互交错，这必然影响农业企业财务管理工作。

（一）生产环境特点

农业生产的对象是有生命的植物和动物，它们都有其自身的生长、发育和繁殖规律，并依赖于合适的土壤、阳光、气温、水分等自然条件。

土地是农业生产不可缺少的基本生产资源，必须合理利用，以农业所特有的形式和方法改良土壤、培养地力、注意农田的基本建设，这就决定了对土地不断投入资金的必要性，因而形成了这一部分农业资金运用的有效性和延续性。

农业生产不能完全摆脱自然灾害的威胁，如旱、汛、风、冰雹及防治病虫害等，农业的风险较大。

我国农业生产主要有以下特点：

①自然条件复杂，地区间差异很大。

②种植业耕作制度和栽培方式复杂多样。

③水资源和降雨量的年际和季节间变化大，旱涝灾害多。

④地区间人文经济等都有差别。

⑤农户经营规模小，特别是在人口密集的东部沿海省市地区。

⑥农机化水平不高，劳动生产率低，农民收入少。

⑦人均农业资源量少，水土流失和沙漠化严重，农业污染没有控制住。

⑧农、林、牧、副、渔业的服务面广，涉及技术难易反差大等。

（二）生产过程特点

农业企业从事农、林、牧、渔业生产，在经营过程中，劳动资料、劳动对象和劳动产品之间，有时相互转化，如农业产品留作种子，产品转为劳动对象；幼畜和育肥畜成龄转为产畜或役畜，劳动对象转化为劳动资料；产畜或役畜淘汰育肥然后出售，劳动资料又转化为劳动对象。林业生产过程中同一经济林木栽培对象，从苗圃育苗、定植栽培到成林投产，分阶段在劳动对象到劳动资料之间转化。这种转化给资金管理带来了许多不同于其他行业的特点。

农业中一部分生产资料具有自给性，如种子、饲料。这部分生产资料自行储备，并不通过销售过程，对这一部分自产自用的储备进行正确的计价，合理地留用、平衡和调度，是农业企业财务管理必须注意的重要问题。

人们从事植物栽培和动物饲养的生产过程，同时也是植物和动物生长、成熟和繁殖的自然过程，两者相互交错，紧密结合，因而投入农业生产的资金周转期较长，不少生产资料一次投放，要经过较长的时间，才集中收回。资金在年度内的占用极不均衡，各地区自然和地理条件及经营主业的具体情况千差万别，对生产经营资金的投入、周转和回收必然产生较大影响。农业企业必须结合各自的特点，合理地筹集、使用和分配资金，减少不合理的资金占用，加速资金周转。

目前，我国农业生产过程越来越创意化。

1. 创意路径

将农业生产过程的趣味性展示出来，满足城市居民的观光性与体验性需求。这是基于创意农业的体验性开发的农业生产过程休闲体验产品，在不少方面做到了生产者与消费者角色合二为一，让消费者亲身接近、感受和体验农业生产的过程、细节与氛围，包括观赏采摘、参与农事活动等。

2. 案例展示

苏州相城灵峰牧谷农场推出农业种植、养殖、加工等全方位体验式的休闲模式，为城市居民提供家庭式的田园生活氛围：农场果园有来自世界各地的香梨、红柚、蜜桃等不同品种的果树，游客可根据时令观赏、采摘、品尝，也可送往农场"果汁吧"制成新鲜果汁，既可现场采摘和品尝，也能个性化"私人订制"；在农场"加工体验馆"，游客可亲手将从日本、中国台湾地区引进的紫薯、玉米、草莓等制作成糕点、果酱等，还可用农场自身出产的食材在指导下现场制作布丁、芝士蛋糕、布朗尼、香肠等，通过这样的现场动手体验来了解农产品从田间到餐桌的流转过程；农场还将都市时尚生活与田园风情体验巧妙结合，游客可在农场的咖啡馆、果汁吧里，将自己亲手制作的糕点、香肠与采摘、压榨的果蔬汁搭配。

在湖北荆门昕泰采摘园，游客可在采摘园中认种一棵葡萄树自己管理，也可由采摘园园艺人员代为管理，每天将葡萄生长情况的照片发给游客，以便让游客随时了解葡萄生长的过程，到收获季节游客可自己来采收，也可由采摘园管理人员代为收获并快递给游客，这样游客既能体验农耕乐趣又能有物质收获。

成都龙泉果农把自家的桃园办成休闲农园，并提供果树出租服务，游客既可欣赏到农园美景，又可获得做"农场主"的心理体验，还可在周末期间为果树做些田间管理工作，时时能关注果树成长直到果树成熟，收获季节可亲自采摘自家果树上的果实，从而全程体验田间农趣。

上海孙桥现代农业园区为来游玩的孩子们专门设立了农业种植游戏活动区，在几十台电脑里装入模拟种植游戏，让孩子们在玩的同时不仅获取了农业种植流程和技术的知识，而且培养了对农业文化的兴趣。

二、农业企业财务管理环境特点

企业是市场经济社会中的生产单位，它的特点是为市场而生产。从这一点来讲，农户也属于企业。因此，农业企业类型复杂，税收环境和筹资环境与其他行业也有所区别。

（一）企业环境

农业企业组织形式类型较多，包括农户、农业合作社、国有农场、公司等基本单位。此外，还有以龙头企业为主体的产业一体化组织。这些单位在资金的筹集、资金运用和利润分配等许多环节都具特色。

（二）税收环境

农业企业缴纳的税收种类主要有流转税类中的增值税、消费税、营业税、关税；所得税类中的企业所得税、外商投资企业和外国企业所得税；资源税类中的资源税、耕地占用税、城镇土地使用税、土地增值税、农业税；财产税类中的房产税、契税、车船使用税；行为（目的）税类中的城市维护建设税、印花税、车辆购置税。当然，不同类型的农业企业应缴纳的税及种类存在差异。

我国农业税制主要由农业税和牧业税构成，但农业税制正在进行着改革。其中，农业税由从事农业生产的单位和个人就其应税农业收入纳税，它按计税田亩、常年产量和农业税税率计算实物税额，再按计税价格以货币结算。农业税在 2006 年全面取消。牧业税是以牧区、半牧区牧养的马、牛、羊和骆驼的畜牧收入或畜牧头数为课税对象，目前只有内蒙古、陕西、甘肃、宁夏、青海、新疆和四川 7 个省和自治区征收。原来征收的农业特产税已停征，屠宰税下放给了地方。

现行增值税制度不利于农产品加工业的发展和农业产业化经营。在农产品加工环节，除粮食、食用植物油按 13% 征收增值税外，以农产品为原料的工业加工环节（如食品、饮料、服装、皮革、木材及家具、纸及纸制品、橡胶加工等）按 17% 的税率征收，按 13% 抵扣进项税额。这使得农产品加工业的税负高于其他加工行业，制约了"订单农业"的发展，不利于农业生产商品化、专业化、规模化经营，更不利于农民增加收入。

（三）筹资环境

不同形式的农业企业，筹资环境存在差异。农业大公司可以进入股票和债券市场筹资。据 2006 年初公布的数字看，我国有农业上市公司 37 家，如黑龙江北大荒农业股份有限公司、广东华龙集团股份有限公司、山东九发食用菌股份有限公司、四川禾嘉股份有限公司、新疆天业股份有限公司等。

而大量小规模农业企业则不具备这种筹资的条件。包括农户在内的小型农业企业一般可以从农业银行、农村合作金融组织、国家支农资金、国际机构等多种渠道得到资金，其中不少资金，通过低息贷款形式发放。

第二节 农业企业财务管理的任务和基本原则

一、农业企业财务管理的任务

农业企业财务管理的任务，是指农业企业财务管理部门、财务管理人员及主管财务工作的负责人应当承担的工作和责任。财务管理的任务在含义方面和财务管理的职能、作用、内容比较接近，这是由于它们之间有着密切的联系。财务管理的任务是由企业的生产经营方式决定的。企业的规模、经营种类、管理方式、管理水平不同，对财务管理的要求也会不同。

农业企业财务管理的基本任务，是在服从国家财经法规与政策、制度的前提下，参与企业的经营决策，对企业的财务活动，包括资金的筹集、分配使用、收付和利润分配等进行计划、组织、指挥、监督、调节、分析，加强经济核算，对成本进行控制，维护企业资金和财产的安全完整，并提高其利用效率。具体地说，一般分为下列方面。

1. 制定企业财务管理制度，建立内部财务管理体制，完善经济核算制和经济责任制，指导所属核算单位及家庭农场搞好财务管理。

2. 掌握经济信息和财务资料，进行财务预测和财务分析，参与企业的经营决策。

3. 制订、落实财务计划，核定财务定额，并检查、监督计划与定额的实施。

4. 对财务活动进行日常的组织、指挥、监督、调节和分析，及时发现和反映问题，向领导提出改进工作的建议。

5. 对成本实现过程进行控制和分析，对成本核算进行组织、指导和检查，保障成本计划的实施。

6. 对会计核算进行指导和监督，并听取会计人员的意见；组织财产清查和财务大检查，对检查结果提出报告，在报告中对发现的问题要提出处理意见。

7. 提出或审定由会计提出的财务报告。

8. 普及金融知识和投资常识，发动群众参加理财。

9. 按规定缴纳税金，完成上级或国家确定的应上交的各种款项。

10. 执行党和国家的方针政策和企业的各项制度，处理好各方面的财务关系。财务负责人要对整个财务工作负领导责任，对企业经济效益从财务管理方面承担责任，一般财务人员要对本职工作负责。

农业企业财务人员要明确树立政策观念、生产观念、投入产出观念、最佳效益观念、市场竞争观念和资力开发观念，为实现农业企业的现代化而努力工作。

二、农业企业财务管理的基本原则

农业企业财务管理的原则，是农业企业在组织财务活动、处理财务关系时应当遵守的准则。它是由社会生产关系和农业企业在生产经营中的内在规律决定的，能反映我国农业经济的特点和客观要求。

农业企业财务管理的原则有诸多方面。其中有基本的，也有只涉及财务管理个别方面的。有的表现为对处理财务关系的要求即社会要求，有的表现为对企业管理的自然和技术要求，有的则兼而有之。

农业企业财务管理的基本原则，要涉及财务管理的各个方面，对整个财务管理有重大的影响。财务管理人员必须充分认识、正确掌握、认真贯彻。下述几个方面，是财务管理人员要坚持贯彻和经常注意的：

1. 遵守党和政府有关农业的法令、方针、政策和制度。这是由我国的国体和政体决定的。实行这一原则，能保障我国农业企业的社会主义方向，能保障农业企业的生产经营活动和国家的农业经济管理体制相统一，能保障农业企业的正当权益。实行这一原则，不仅是企业应尽的义务，也是企业存在和发展的重要条件。

2. 遵守主管单位规定的各项财务制度，接受其财务管理机构的领导和监督。这一原则反映了主管单位对所属企业进行财务管理的客观要求，反映了主管单位和所属企业的经济和行政关系。对于所属企业来说，主管单位的存在和发展，是其存在和发展的重要前提。所属企业除应自觉服从领导和管理外，还应积极地提出改进工作的要求和建议，争取上级单位对本企业的支持。

3. 坚持以增产、节约、提高经济效益作为整个工作的不断提高经营水平的重要本质。贯彻这一原则，要参与企业的经营决策，服从企业的统一管理，采用科学手段，努力加速资金周转，降低成本，提高盈利水平。

4. 维护国家、企业集体、劳动者个人的正当权益，正确履行农业企业财务人员的工作职责。在工作中，一定要以政策、制度为准绳，兼顾国家利益、企业集体利益和劳动者个人利益，不能强调一个方面损害另一方面。不能以任何借口化大公为小公，化小公为私有。

5. 依靠群众，发扬民主，尊重职工群众的主人翁地位。财务管理人员和职工群众在企业生产经营过程中的位置虽然不同，但在政治上是平等的，在企业内活动的目标是一致的。企业的经济效益，归根到底是由全体职工共同创造的。和财务人员一样，职工也关心企业的状况，他们处在生产第一线，也了解生产。财务人员要注意工作作风，在办事中贯彻先外后内的原则，做到方便群众，和气待人，要尊重群众的思想和感情，重视他们的利益、意见和要求，充分调动他们的积极性。

6. 坚持实事求是，一切从实际出发的原则。农业企业财务人员在工作中，一定要加强调查，尊重事实，绝不弄虚作假。计划、方案、办法都要尽可能符合实际，勇于接受实践的检验。

7. 防止和揭露舞弊行为，维护企业财产的安全完整。维护财产的安全完整，是财务管理的一个重要方面。舞弊行为不仅破坏企业财产的安全完整，而且破坏正常的经济秩序，对企业经营管理危害极大。制度松散、控制不严、漏洞百出，是财务人员失职的表现。财务人员在设计手续制度，进行日常管理时，要处处注意防止漏洞。在进行财务检查时，要坚决地把揭露舞弊行为当作重要任务。舞弊行为不仅指个人的贪污行为，还包括为小集团、少数人利益而犯有的弄虚作假行为和其他不正当行为。能不能有效地防止和揭露舞弊行为，是衡量财务人员业务水平和政治觉悟的一个重要尺度。

上述基本原则，体现了我国农业企业财务管理的社会主义性质。坚持这些原则，符合农业企业的根本利益，对搞好财务管理具有特别重要的意义，从理论上理解这些原则，似乎并不困难，但如果没有高度的政治觉悟、道德品质、负责精神和专业水平，是很难贯彻的。农业企业财务人员一定要努力学习，不断提高思想觉悟和业务水平，为贯彻财务管理的基本原则而努力。

第五章 农业企业内部控制与财务风险分析

第一节 农业企业风险管理概述

一、风险的含义与特征

对于风险,理论上很难给出一个统一的定义。简单地说,风险即为未来事件的不确定性,从数学角度看,它表明的是各种结果发生的可能性。一般地说,风险是指在一定条件下和一定时期内可运作规律认识的不完全确定,一时尚无法操纵和控制其结果,另一方面也包括了事物结果的不确定性,人们不能完全得到所设计和希望的结局,而且常常会出现不必要或预想不到的损失。最终出现的实际结果与预期结果之间可能变动的程度越大,其风险性就越大。风险无处不在,时时发生。风险具有全面的渗透作用,在个人、公司、政府的几乎每一个活动领域内对其产生着影响。需要指出的是,风险绝不是亏损的同义词,风险中既包含对经济主体不利的一面,也包含着有利的一面。通常风险与收益具有相称的原则,即风险与收益成正比。

从本质上讲,风险源于未来的不确定性,而不确定性是社会经济将永远处在一个风险环境之中。一般说来,风险具有如下特征。

(一)客观性

风险是不以人的意志为转移的客观存在。不管你主观上喜欢与否,风险都是时时发生、处处存在的。风险的客观性和必然性取决于其形成风险因素的客观性和必然性。产生和诱发风险的原因是多方面的,它主要源于社会政治经济背景、市场环境和竞争对手策略的不确定性、企业生产经营活动及资金运动规律的复杂性、市场经济参与主体的认识及其他方面能力的局限性。

（二）负面性

即遭受某种损失的可能性。虽然风险都具有两面性，但对于参与经济活动的经济主体来说，往往期望消除负面性，得到有利的一面。正是由于风险的负面性，也就有了风险管理问题。因此人们研究风险时侧重减少损失，主要从不利方面考察风险，经常把风险看成是不利事件发生的可能性。

（三）可变性

未来不确定性的存在是风险产生的根源，而不确定性又处在不断变化之中，有利与不利可互为转化。因此在一定条件下，风险是可以转化的。这种转化包括：风险性质的变化、风险量的变化，某些风险在一定的空间和时间内被消除，新的风险又会产生。

（四）可测定性

由于风险是客观存在的，在一定程度上，风险是可以被人们识别和管理的。如果风险无法测定，风险管理也就无从谈起。

还需要说明的是，风险与不确定性是有区别的。风险是指事先可以知道所有可能结果，以及每种结果出现的概率；而不确定性是指事先不知道所有可能出现的结果，或者虽然知道可能后果但不知道它们出现的概率。在实际问题中，风险问题的概率往往不能准确知道，不确定性问题也可以估计一个概率，二者很难区分。因此在实务领域对风险和不确定性不做区分，都视为风险问题对待。

二、COSO 企业风险管理框架（2017 版）

2017 年 9 月 6 日，全球风险管理行业翘首以盼的 COSO2017 版《企业风险管理框架》正式发布。

（一）COSO2017 版企业风险管理框架的基本内容

COSO 阐述了整合风险管理工作贯穿于组织提升治理、战略、目标设定和日常运营决策能力的始终，协助组织更加紧密的考虑战略和商业目标的相关风险从而获得更好的业绩，整合风险管理的宗旨是为组织创造、保持和实现价值指引方向。这表明了这个框架描述了一种方法，如何使一项职能整合融入主体中正在运行的其他业务活动。

第一，强调了企业风险管理对价值的影响。

当我们的收益超过了资源配置成本时，就创造了价值。

当日常运营的资源配置可以持续创造价值，那价值就会保持。

当管理层实施了一项战略并没有达到预期收益或任务执行失败，那就损害了价值。

当利益相关方获得了主体创造的收益，价值随之实现，这种收益可以是金钱的，也可以是非金钱的。

无论是什么类型的主体，企业风险管理工作都可以整合融入其他业务来增强利益相关方的信任和信心。

第二，使命、愿景和核心价值解释。

使命：主体的核心宗旨，要实现什么而成立及为什么而存在。

愿景：主体对未来状态的愿望或者组织未来想要实现的目标。

核心价值：主体的价值取向及对好与坏、接受或不接受的判断标准，这些将会影响组织的行为模式。

第三，阐述了企业风险管理对战略的影响。

企业风险管理并不能创造主体的战略，但它可以影响战略的产生和发展。一个组织将整合企业风险管理工作融入战略设定环节，它将给管理层提供需考虑的各种替代性战略并最终采用被选中的战略的相关风险信息。

第四，论证了企业风险管理与商业运营的关联。

企业风险管理工作整合与融入商业运营所有方面的工作，包括治理、绩效管理和内部控制工作。

"治理"，指出了治理的一部分属于风险管理的范畴，而治理的某些方面内容不属于企业风险管理的范畴。

"绩效管理"，绩效管理聚焦资源的高效配置，它关注的是跟预先设定的目标相比，如何衡量这些行动、任务和职能及确定这些目标是否被达成。因为多种已知和未知的风险都会影响到一个主体的绩效，所以绩效的衡量也经常使用多维度的标准：财务维度、运营维度、履职维度、项目维度、增长维度、利益相关方维度。"内部控制"，强调了管理层利用内部控制主要聚焦在运营和对于相关法律法规的遵从性上。指出一些内部控制的概念，在本框架中进行了深入研究和扩展。

第五，分析了企业风险管理的益处。可以从更大的范围中选择机会、增加积极的产出和盈利可能，同时减少负面的意外、识别和管理主体整体范围的风险、减少业绩变动、完善资源配置。

第六，风险管理与适应、生存和发展能力。

分析了因为风险的不断变化，所以挑战一直存在。虽然组织可能无法管理风险的所有潜在结果，但他们可以改善如何适应不断变化的情况，这有时被称为组织的可持续性、韧性和灵活性。

框架最后指出，希望管理层花点时间来预测事件可能发生的概率、可能性及不可能性可以使其处于更有利的位置。提高适应变化的能力可以使组织更有韧性，并能在面对市场和资源有限的情况下更好地发展，使管理层有信心承担更多的风险，并最终加速增长和创造价值。

（二）COSO2017版企业风险管理框架中风险和风险管理的新定义

1. 定义了风险和不确定性

对于一个组织而言，由于不能完全预测事项发生与否及其相关影响，那就产生了不确定性。对于任何一个主体而言，想要实现未来的战略和商业目标，都存在不确定性。

这里将风险定义为事项发生并影响战略和商业目标实现的可能性。旧版风险管理框架中对风险的定义为事项发生并给目标实现带来负面影响的可能性。

对不确定性的定义为潜在事项是否出现或者以怎样的方式出现的一种未知状态。

在此，2017 版框架强调了风险带来影响的双面性。

组织关注的风险通常是那些会产生负面结果的，例如：火灾导致的破坏，失去重要的客户，或者出现新的竞争对手。然而，事项也可能产生正面的结果，例如：天气状况比预报的要好，更高的员工留职率或者更优的税率等。这些也应当考虑在内。另外，对实现某一目标有益的事项可能同时阻碍了其他目标的实现。例如，新发布的产品的需求量比预期的要高，从财务绩效上看，这是个好消息；但是，这有可能增加供应的风险。如果公司不能够及时供应产品，可能造成部分消费者不满意。

2. 颠覆了第一版企业风险管理定义

2017 版框架对 ERM 的定义为：组织在创造、保持和实现价值的过程中，结合战略制定和执行，赖以进行管理风险的文化、能力和实践。

旧版框架对 ERM 的定义为：ERM 是一个过程，它由主体的董事会、管理层和其他人员实施，应用于战略制定并贯穿于企业之中，旨在识别可能会影响主体的潜在事项，在风险容量的范围内管理风险，为主体目标的实现提供合理保证。

3. 介绍了文化、能力和实践的内容

那么，我们来看一下 COSO 指的文化、能力、实践分别是什么内容呢？

（1）文化。

文化是由一个主体的各个层面的人们通过他们所说和所做的事情而发展和形成的。谁建立了主体的任务、战略和经营目标，也应该实施企业风险管理实践。同样地，企业风险管理也影响着人们的决策和行动。每个人都有一套的参考标准，这个标准影响他或她如何对风险进行识别、评价和反应。企业风险管理帮助人们决策，而对文化的理解在形成这些决策的过程中发挥着重要作用。

（2）能力。

组织会追求各种各样的比较优势来为主体创造价值。企业风险管理增加了主体完成使命和愿景、预见可能阻碍组织获得成功的各种挑战的技能。而有能力适应变化的组织会适应力更强,并且能在面对市场资源限制和机遇的时候更好地做出反应。

(3) 实践。

企业风险管理不是静态的,也不附属于某项业务。相反,企业风险管理不断地适用于业务活动、特殊项目及新计划的整个范围中。它是主体各个层面管理决策的一部分。

企业风险管理的实践应该由主体的最高层,自上而下地通过各部门、各业务单元和职能来执行。这些实践是为了帮助主体内的人们更好地理解主体设定的战略、经营目标、存在的风险、可接受的风险量、风险如何影响业绩及他们需要如何管理风险。相应的,这种理解为各个层次的决策提供支持并且有助于减少组织上的偏离。

4. 强调了风险管理与战略设定和绩效的融合关系

在战略层面上,企业风险管理与战略设定相结合,协助管理层理解主体的整体风险状况,以及与评估替代策略对风险状况的影响相结合。

但是企业风险管理并不止于此,企业风险管理融入日常的管理运营中,这样做可以收到明显的收益。将企业风险管理融入主体的核心业务,可以使管理层发现新的发展机遇。

5. 介绍了风险偏好概念

指出了组织必须根据自身的风险偏好管理战略和商业目标的风险。

风险偏好,广义上讲,是指主体为追求价值所愿意承受风险类型和数量。

与原来的风险偏好定义不同,这次2017版框架的风险偏好概念包含了风险的类型和数量,而第一版的风险偏好只包含风险的数量。风险偏好首先体现在企业的使命和愿景上。企业风险管理有助于管理层将预期的价值创造与主体的风险偏好及其风险管理能力相匹配,并且随着时间的推移将更加协调。在风险偏好的范围内管理风险能够增强主体创造、保持和实现价值的能力。

（三）风险管理、战略、目标与绩效

COSO 介绍了企业风险管理与战略之间的关系：

一个主体的使命、愿景及核心价值观中包含了主体对风险的偏好信息，这是制定战略规划的重要依据。战略的制定可能会出现与主体使命、愿景及核心价值观不相匹配的情况。组织既定了一个具体战略后，它同时承担了对应的潜在风险。战略的实施、商业目标的达成所含的固有风险主要有以下几个方面。

1. 战略、商业目标与使命、愿景及核心价值观不匹配的可能

使命和愿景都从主体最高的角度对主体可承受风险的种类及数量提供了参照。它们帮助企业建立了经营的边界，并着眼于决策如何影响战略。一个充分理解自身使命和愿景的组织可以制定出反映其自身风险状况的战略。

企业风险管理可以帮助主体避免战略偏差，为企业提供更深入的理解，确保其选择的战略有助于董事会层面实现既定的使命和愿景。

2. 对既定战略的评估

企业风险管理不能创造主体的战略，而是通过对既定战略进行风险提示。企业需要评估所选择的战略如何影响主体的风险状况，特别是组织暴露出的潜在风险类型和数量。

在评估战略可能产生的潜在风险时，管理层需要考虑所选战略的基本前提假设。这些战略的基本假设可能与主体所处的商业环境有关。企业风险管理为这些假设敏感性的变化提供了宝贵的分析思路：即是否对达成战略造成或大或小的影响。

3. 战略的实施、商业目标达成的风险

指出每个企业必须对战略中存在的风险进行思考，重点在于理解既定战略中蕴含的相关风险和其影响能力。当风险影响足够大时，企业可能需要重新审视既定战略，必要时可以修改或选择新战略，以便调整到

主体更加合适的风险状况。

也可以从商业目标的角度看待实施战略的风险。企业可以使用各种常见技术及常用措施来评估风险。只要有可能，企业应使用相似的衡量单位对每个目标的风险进行评估。这样有助于使风险的严重性与既定的绩效衡量标准相协调。

4. 企业风险管理与绩效

评估战略和商业目标的风险，要求组织将本框架中提及的风险和绩效之间的关系理解为"风险状况"（或称风险概况）。主体的"风险状况"提供了风险的综合视角（例如，从主体整体层面、业务单元层面、职能层面或商业模式方面，例如产品、服务、区域）。

这种综合视角使得管理层能针对风险的类型、严重性和相互依赖性，以及它们如何影响绩效进行思考。在评估替代战略时，企业应该首先了解潜在的风险状况。一旦选择了战略，焦点应转向了解所选战略和相关商业目标当下的风险状况。

风险与绩效间很少是纯线性关系。绩效目标的增量变化并不总是导致相应的风险同向变化（反之亦然）。因此，一个有用的、动态的表示，有时是图形化的，表明了与预期结果相伴随的风险总和。企业必须在主体的风险数量及其所期望的绩效之间达到平衡状态。

（四）全面风险管理

COSO 表述了将风险管理工作与各项日常管理工作整合以支持更好地做出决策的重要性，用以更好地权衡各种利弊，如对于风险和回报、效率和成本及时间和质量等。

同样，指出风险管理不仅仅是一个部门和功能，而是和主体的文化、能力、实践融为一体的，并指出主体的风险态度越激进，整合工作的价值越大。

在迈向全面整合的阶段，指出"每一个人都是风险管理者"。这和我们前些年倡导的"风险无时不在、风险无处不在""增强全员风险管理意识""每一个人都是一个防火墙",内涵大致一样。

2017版企业风险管理框架中在某些描述整合风险管理框架的段落,如果翻译成"全面风险管理"也算是恰当的。

2006年6月,国务院国资委发布了《中央企业全面风险管理指引》,将全面风险管理的概念最先引入了央企层面。当时的全面风险管理是在中国企业界普遍流行的全面质量管理、全面预算管理的时代背景下提出的。当时在全球范围里还没有一个合适的英文来对应中国的全面风险管理这样一个概念,对应的西方概念就是企业风险管理(Enterprise Risk Management),或者后来发展出的企业整体层面风险管理(Enterprise-Wide Risk Management)。

多年前《中央企业全面风险管理指引》对于全面风险管理工作的定位描述为:全面风险管理不是独立于现有管理体系的另外一个体系,而是对现有管理体系的整合与对现有管理职能的强化,实践中注重将全面风险管理的内容融入现有管理职能之中。

(五)COSO2017版企业风险管理框架:要素和原则

自从2013年COSO更新了1992年的企业内部控制框架(Internal Control-Integrated Framwork)以来,COSO就采用了这一国际文件惯用的书写结构,要素加原则(Components and Principals)。本次2017版企业风险管理框架也改变了2004年版的立方体8要素框架,而改为5要素20项原则的框架。

5大要素的变化最明显的标志就是"去风险化"和"去控制化",五大要素中均不包含"风险"一词,而且原来框架中"控制活动"的内容都被删去。新框架不再一味地强调风险内容,而是直接从企业管理的角度将风险管理内容融入。因为ERM是一个风险"管理"框架,而不仅仅是风险"控制"框架,所以和"控制"相关的内容都留给了内部控制(Internal Control)框架。

20项原则中包含风险管理常规内容最多的是在绩效的要素内容下。

整体比 2016 年的征求意见稿数量更少（23 项删除了 3 项），每个原则的描述更为精炼。

1. 治理与文化

治理确定了企业的基调，强调了企业风险管理的重要性和监督责任。文化则包含了道德价值观、理想行为及对主体风险的理解。

（1）执行董事会风险监督：董事会对战略进行监督，肩负治理责任，支持管理层实现战略和业务目标。

（2）建立运营架构：组织建立运营架构用以实现战略和商业目标。

（3）定义所需的文化：组织对于期望行为的定义彰显了主体所追求的文化理念。

（4）展现对核心价值的承诺：组织对主体核心价值观的承诺。

（5）吸引、培养并留住人才：组织致力于培育与战略和业务目标相适应的人力资本。

2. 战略与目标设定

战略规划过程中风险管理、战略和目标设定是密集联系的。风险偏好的设定以战略为基础，并与其保持一致；商业目标将战略付诸实践，并为识别、评估和应对风险提供基础。

（1）分析商业环境：组织应重视不同商业环境对风险状况的潜在影响。

（2）定义风险偏好：组织在创造、保持和实现价值时应定义风险偏好。

（3）评估替代战略：组织评估替代战略和对风险的潜在影响。

（4）建立商业目标：组织在建立支持战略实现的不同层次的商业目标时应对风险进行考量。

3. 绩效

对影响战略和商业目标实现的风险进行识别与评估。在符合风险偏好的情况下，风险按照严重程度进行排序。组织将采取一种组合的视角对风险进行评估和应对。这一过程的结果将反馈给主要风险利益相关方。

（1）识别风险：组织对影响战略和商业目标绩效的风险进行识别。

（2）评估风险的严重程度：组织对风险的严重程度进行评估。

（3）风险排序：组织对风险进行排序作为制定风险应对措施的基础。

（4）实施风险应对：组织识别和选择风险应对措施。

（5）建立风险组合观：组织建立一种组合的视角来评估风险。

4. 审查和修订

通过审视主体的绩效情况，组织可以考虑如何利用企业风险管理的要素，根据重大的变化发挥更为长期的作用，以及需要进行哪些修订。

（1）评估重大变化：组织识别和评估可能对战略和商业目标产生重大影响的变化。

（2）审阅风险和绩效：组织审视主体绩效的同时考虑风险。

（3）企业风险管理改进：组织需要不断改进企业风险管理。

5. 信息、沟通和报告

企业风险管理需要一个持续的过程，获取和分享内部和外部的必要信息，这些信息可以自上而下或自下而上在整个组织里流转。

（1）利用信息系统：组织利用主体的信息和技术系统来支持企业风险管理。

（2）沟通风险信息：组织运用沟通渠道支持企业风险管理。

（3）对风险、文化和绩效进行报告：组织对主体各层次的风险、文化和绩效提供报告。

治理和文化部分作为 2017 版企业风险管理框架的第一个要素，确定了企业风险管理工作的总体基调，强调了治理层的主体监督责任、风险管理的适用性、文化等方面的内容，主要包括五个原则：实现董事会对风险的监督；建立运营架构；定期组织期望的文化；展现对核心价值观的承诺；吸引、发展并留住核心人才。

第一，实现董事会对风险的监督。

这部分可以概括为四个方面的关注点：

强调董事会监管职责的履行，董事会成员有充足的经验和能力及适当的知识结构对管理层的战略执行、经营管理等重点方面提出质疑；保持董事会成员的独立性；根据董事会和管理层的当前面临的主要问题突出企业风险管理工作的侧重点和体现价值的方式；避免组织在决策过程中的偏见。

成功渡过2008年经济危机的摩根大通，当时董事会的构成包括内外部15个各领域的专家人员，他们为其成功规避次贷危机的冲击提出了具有远见卓识的风险决策意见。

第二，建立运营架构。

这部分也包括四个方面的关注点：

确定运营架构和汇报线，包括各职能不同权、责、利的分配，如董事会会决定哪些角色至少需要有一个虚线汇报途径到董事会；企业经常在董事会层面设置或委托一个或多个委员会负责充分揭示每一项决策所隐含的风险；关于首席风险官、企业风险管理负责人、风险主管等职能设置和权责；在外部环境不断变化的今天，确保企业的运营架构可以适时调整，保持适宜性。

第三，定义组织期望的文化。

这部分包括五个方面的关注点：明确公司的风险文化及哪些行为是属于理想行为；如何更好地使用判断力来加强企业风险管理；文化对一个企业评估风险过程中的影响；设置顶层基调，保持组织的核心价值观和决策、全员的行为标准相一致；根据环境和情况的变化，适时推动文化转型以适应发展的需要。

第四，展现对核心价值观的承诺。

这部分包括六个方面的关注点：建立被充分理解和掌握的核心价值

观，并将其融入所有的组织行为和决策中；培育具有风险意识的组织文化，从董事会到管理层建立正确的风险意识和文化基调；强化整个组织的问责机制；担负责任，对每个级别和岗位的绩效目标进行评估；保持畅通无阻的信息沟通；对背离核心价值观的行为进行纠正。

第五，吸引、发展并留住核心人才。

这部分包括五个方面的关注点：建立和评估胜任能力；如何吸引、发展并留住人才；制定绩效奖励措施并适当评估风险；识别和应对核心人员的压力状况；对关键领导层和管理人员制订继任计划。

这一部分可以说是整个框架中最重要的一部分，是整个企业风险管理工作开展最顶层的设计、总的原则和定位，是从企业的治理层和管理层的角度，最需要关注的内容。按照 COSO 最新对企业风险管理工作的定义，第一个着力点就放在了"文化"上，可见这个开篇的要素对风险管理工作有多么重要。

在一些优秀的企业风险管理的案例中，或者说一些经典的商业案例中，能够发现很多内容都是上面提到的关注重点。2017 版框架的"治理和文化"部分提供了一个经过提炼和总结的综合视角。

另外，探讨两个方面的问题：

1. 治理与管理的关系

如果在企业层面讨论这个话题，那就是公司治理和管理的关系，如果我们说，治理和管理之间并不是完全对等关系，相信绝大部分人都会同意这样的说法。关于两者之间的关系界定还是有一些争论的，一些典型的观点包括：治理是管理的一部分；管理是在治理之后的，从范畴上讲管理属于治理的一部分；治理和管理不能简单地归类谁属于谁、谁包含谁，而是各自服务于自己的使用对象和目标，双方有一定的交集。

很多的专家同意第三种看法。为什么要提出这个问题？

因为当我们谈到企业风险管理（ERM），通常说企业风险管理是企业管理的一部分，从字面上也能够感受出来，企业管理应该是包含了企业风险管理这个"分支"。

如果我们说治理和管理没有简单的等同和包含关系,那就同时需要探讨企业治理和企业风险管理是何种关系。

COSO 新框架中讲有一些公司治理的内容并不属于企业风险管理(ERM)覆盖的范畴,应该就是基于此而言。

但是,风险是无处不在的,只要是存在风险的地方,都应该是风险管理能够覆盖的范围,包括公司治理中对风险的考量。所以,如果我们接受这样的观点,那么,我们今天谈到的企业风险管理(ERM)是有可能突破企业管理的边界,而在一个组织内的更广泛的主体和范围内应用。

2. 关于首席风险官的设置

首席风险官(Chief Risk Officer,CRO)的提法早就有了,目前在金融企业可能多一些,一般企业中并没有成为标准配置。COSO 的新框架中也谈到了企业管理架构中的这种职能的设置。

实施与运行部分作为 2017 版企业风险管理框架的第三个要素,是指在既定战略和商业目标下,结合风险偏好的设置,对风险进行识别和评估的内容,一共包含五个原则:

(1)识别风险。

(2)评估风险严重程度。

(3)进行风险排序。

(4)实施风险应对。

(5)建立风险组合观。

第一,识别风险。

这部分可以概括为四个方面的关注点:

根据战略和商业目标,识别其面临的相关风险,并关注风险的不断变化及新兴风险;使用风险清单对风险进行分类;将风险视为日常工作的一部分,使用多种方法识别风险(人工智能、数据跟踪、访谈、关键指标、流程分析、研讨会、问卷);相同风险的表述方式不同,会影响对风险的不同反应。

第二,评估风险严重程度(风险水平)。

这部分包括八个方面的关注点:

对风险进行评估;从组织不同层面评估风险的风险水平;选择风险评估指标,从影响程度和可能性两个方面;选择风险评估方法,从定性和定量两个方面;明确固有风险、预期剩余风险和实际剩余风险;展示风险评估结果(风险图谱、风险绩效曲线);确认触发重新评估的条件和机制;降低风险评估中的偏见。

第三,进行风险排序。

这部分包括五个方面的关注点:

建立风险排序的标准;确定风险优先级;使用风险偏好来确定风险优先级;不同层面的优先级;避免风险优先级偏见。

第四,实施风险应对。

这部分包括四个方面的关注点:

选择风险应对方式(承受、规避、追求、降低、分担等);实施风险应对;考虑成本和收益;考虑风险应对产生的新风险。

第五,建立风险组合观。

这部分包括三个方面的关注点:

理解风险组合观,从组织整体和组合视角考虑风险的影响;从不同层面将风险进行整合的组合视角;结合风险绩效曲线分析风险组合观。

关注的讨论点:

①对于新兴风险(Emerging Risk)的关注。

进入信息社会,巨大的技术变革让我们面临的不确定性越来越大,也越来越难读懂未来的趋势将会给我们带来什么样的影响,在这个过程中,涌现出来一批由于环境的变化、技术的变化、目标的变化、认知的变化带来的之前没有遇到过、不易量化或觉察的风险,我们把它称为新兴风险（Emerging Risk）。

这是一个在国内外炙手可热的词，由于它对于发展的重要性，所以各机构、各管理层都对其各自领域的新兴风险有很高的关注度，因为，这关乎未来！

新兴风险在某种程度上可有主观和客观之分。

客观的新兴风险指由于社会进步、技术变革带来的新兴风险，如人工智能、云计算、虚拟现实、无人驾驶、物联网等。

主观的新兴风险是由于主体认知的提升导致对风险的认知程度和深度出现的变化。

在一些情况下，原来我们不认为有风险或我们并不知道有风险，随着认知的提升，我们可能会重新认识。

所以，这引出一个有意思的观点——"过去的风险"。

我们原来强调风险的未来性，甚至在 2006 年制定的《中央企业全面风险管理指引》中对风险定义都包含的"未来"，但有没有"过去的风险"？

如果由于过去的认知局限导致的未知状态，并不知道当时承担了某种风险，由于认知的提升，开始对它有了新的认识，这也变成了一种新兴风险。

所以这也要求我们要持续保持对风险的再认识和再评估。

其实主客观也是实为一体的、相互影响的。

②风险组合观。

风险组合观的概念相当于我们将同一层面的风险进行整体汇集，如果是针对可量化的风险，对不同的风险进行量化组合，以及与公司分配资本进行关联，这是一种理想化基于整合风险的资源配置方式。

在非可量化的风险领域，风险组合观更多的是一种整体观的思维转换，要实现量化的风险组合管理方式并不容易。

③风险评估维度。

关于风险评估，在现在的环境下，仅仅靠传统上用最简单的两个维度"可能性""影响程度"来评估风险已经远远不能够满足要求了，特别是对于前面提到的新兴风险。

对风险属性的扩充与全面识别评估已经是大势所趋，其他一些如影响的方向性、风险发生速度、持续时间、主体的韧性等都是需要考虑的重要因素。

审查与修订部分作为2017版企业风险管理框架的第四个要素，因为组织的风险管理实践和能力需要随着时间、环境、业务背景发生变化，所以需要适时审阅风险管理工作的适用性，一共包含三个原则：评估重大变化、审查风险和绩效、企业风险管理的改进。

①评估重大变化。

这部分可以概括为三个方面的关注点：

经营过程中的整合审查，识别剧烈变动的情形；内部环境的变化引起的重大变化，如发展速度、创新技术、重大人事变革；外部环境的变化引起的重大变化，如监管和经济环境等。

②审查风险和绩效。

这部分包括两个方面的关注点：

经营过程中的整合审查，对风险管理的整体效果和绩效的实现情况；考量主体能力，超额完成绩效和未达成情形下的风险承担。

③企业风险管理的改进。

这部分包括一个方面的关注点：

针对一些反馈持续改进企业风险管理工作，如新技术、运行过程中的发现的缺点、组织的变动、风险偏好、风险分类、沟通的情况、行业对标、业务的发展速度等。

本要素并没有包含风险管理工作的监督内容，这部分内容应该也属于这个要素的一部分，本框架给出的意见与监督相关的内容直接参考

COSO 内部控制框架 2013 版的相关监督内容部分。

关注的讨论点：

第一，当下就面临对重大变化的评估。

协助企业进行评估时，一个重大变化必须要考虑的是重大人事变动。如果有重要的人事变动，尤其是一把手变动时，对整个企业的风险偏好、风险承受度、风险文化等都会产生根本性的影响，这是个在当前中国企业中不得不考虑的变动要素。

主要领导的性格、年龄、性别、经历、特长、个人偏好等使其在管理和决策中会展现与之前不同的领导风格。所谓不确定性中的确定性，就是组织可以建立一套可以长期被认可和实践的制度、流程和文化，打造这样的组织确定性偏好来尽量避免个人偏好的不确定性，使组织可以在大方向上不至于由于领导层的更迭而偏离太远。

在当前的巨变环境下，企业最需要的就是评估下未来环境的巨变给企业带来的最大变化。

这几年，如果你发现自己企业更新了使命、愿景及战略目标，那这个企业是对外部环境的变化保持了警觉性，如果还没有行动的企业，请一把手好好认真思考一下吧，当下就是企业重新思考和定位的时刻！

第二，对主体超额绩效完成的关注。

我们今天谈到组织面对的风险时，不是传统理解的一味躲避，而是要更明智地管理，其中包含了如何更好地承担风险来实现目标。企业想要实现目标，必须要承担风险，而对风险的明智管理，是实现目标所需要具备的最重要的能力（更激进的表述是唯一的能力，这点不知道大家目前能不能理解到这一层）。

在这样的前提下，对风险的明智管理有可能完成超额目标，比如说实现了超额利润。这是所有企业都努力追求的，但从风险管理的角度，超额完成绩效也会带来新的风险。

一是上面提到的审阅风险和绩效中对主体能力的考量，是否为了完成超额目标透支了企业未来的发展能力。

二是COSO框架里也没有涉及的，就是完成了超额目标，有没有用来增强企业未来的发展能力。

风险管理这套理论的思想在未来一定会备受瞩目，因为我们已经进入了不确定性的时代，用来管理不确定性的管理系统只有这一套相对成熟，这是时代发展赋予的历史使命，对于企业打造未来的差异化竞争优势至关重要，希望我们的企业管理层和从业者，一定牢记使命，勇敢前行！

三、农业企业风险的类型

农业作为基础产业，由于自身的弱质性和生产过程的特殊性，在整个再生产循环过程中面临着许多风险，是典型的风险产业。这造成农业企业的生产经营活动面临着较大的不确定性，各种风险因素复杂多样。对农业企业风险进行适当分类，明确各种风险形成的原因，可以更准确地把握农业企业风险的本质，有利于农业企业经营者认定风险并采取相应的对策，加强农业企业风险控制，提高农业企业风险管理水平。

（一）按风险产生的原因不同划分

按风险产生的原因不同，我们可以把农业企业的风险分为自然风险、经济风险、社会风险和技术风险。

1. 自然风险

自然风险，是指由于自然力的不规则变化，引起的种种物理化学现象造成损失机会的风险，也就是通常所说的自然灾害。农业企业的自然风险主要表现在气象灾害、病害和虫害3个方面。这些对于农产品生产企业影响最为明显。

2. 经济风险（市场风险）

农业企业的经济风险，也称价格风险，主要是指农业企业在生产和购销的过程中，由于种子、化肥和农药等农业生产资料价格上升，原材料价格上升，农产品价格的下降，或者由于农产品和农业生产资料的价格不能同步增长等造成经济损失的风险。市场是当今社会经济活动的中心，农业企业的一切经营活动都是围绕着市场进行的。但市场时刻处在不停的变化之中，企业生产的产品、提供的服务必须适应市场不断变化的要求，一旦把握不住市场时机及其变化趋势，则会直接导致企业运营中断，整个经营活动都变得毫无意义。

3. 社会风险

社会风险又称为行为风险，它是指由个人或团体的社会行为造成的风险。农业企业的社会风险主要表现在如下几个方面：①伪劣种子、化肥和农药等农业生产资料造成的农业生产损失；②错误的行政干预造成的农业生产损失；③工业污染给农业企业造成的损失；④农业政策等经济环境的变化给农业企业造成的损失；⑤政局变化、政权更迭、动乱等政治因素引起或造成的各种损失。

4. 技术风险

包括生产技术和管理技术在内的农业科学技术的广泛应用给农业企业带来的风险。技术风险产生于科学技术的副作用（比如转基因对食物安全的可能损害）、局限性或其不适当的使用而给农业企业带来的各种损失的可能性。

（二）按风险的性质划分

按风险的性质不同，可以将农业企业风险分为两类：纯粹风险和投机风险。纯粹风险是指有损失可能而无获利可能的风险；投机风险则是既有损失可能，又有获利可能的风险。

（三）按风险的可控程度不同划分

按风险的可控程度不同，可以将农业企业风险分为两类：可控风险与不可控风险。可控风险是指由人为因素造成的，在一定程度上可以控制或部分控制的风险；不可控风险是指农业企业经营者依靠自身的力量无法左右和控制的风险，它多是由农业企业所处的经营环境等外部因素造成的。

（四）按风险的来源不同划分

若按风险来源不同划分，则农业企业风险可分为经营内部风险和经营外部风险。

1. 经营内部风险是指风险事故的发生，是由于企业内部经营不善，管理不善导致企业财产损失，主要有产品风险、营销风险、财务风险、人事管理风险、物质风险等。

2. 经营外部风险是指风险事故的发生是由于企业经营外部环境引起的，主要有与宏观环境有关的政治风险、法律风险、经济风险、科技风险和社会风险等。

四、农业企业风险管理

人类社会生存和发展的历史，也是一部与风险不断博弈的历史。在漫长的人类社会演变中，人类不断积累对风险的认识，探寻风险规律，以求得人类社会的生存和发展。这些都构成了风险管理思想的早期萌芽。系统地研究风险问题，把风险管理思想科学化、规范化和系统化，上升为一门科学仅有几百年的历史。企业风险管理思想最早在 19 世纪开始萌芽，它是伴随工业革命的诞生而产生的。当时法国科学管理大师法约尔于其所著的《工业管理与一般管理》一书中首先把风险管理思想引入企业经营内，但未形成相对完整的体系。之后，随着资本主义的兴起与繁荣，经过不断的实践，科学系统的风险管理方法逐步纳入西方国家企业的经营管理之中，在企业中得到广泛的应用和发展。风险管理逐步发展成为一门管理科学。

关于风险管理的定义，至今尚无统一的说法。比较权威和比较有代表性的观点是美国学者威廉和汉斯在 1964 年出版的《风险管理和保险》一书中提出的看法，认为"风险管理是通过对风险的识别、衡量和控制，以最低的成本使风险导致的各种损失降低到最小程度的管理方法"。它一方面揭示了风险管理的实质，是以最经济合理的方式消除风险导致的各种灾难性后果;另一方面则指出风险管理包括风险识别、风险衡量（估测和评价）、风险处理等一整套系统而科学的管理方法。这就是：运用系统论的观点和方法去研究风险和环境之间的关系，运用安全系统工程的理论和分析方法去识别、估测和评价关系，然后根据对成本与效益的比较分析，针对企业所面临的风险做出客观而科学的决策，以确定处理风险的最佳方案。

根据威廉和汉斯对风险管理的定义，结合农业企业的实际，本书中我们给出如下定义，农业企业风险管理是指在农业企业的生产经营过程中，根据企业风险管理目标的需要，通过对可能产生的各种风险进行识别、衡量、分析、评价，以采取及时有效的科学管理方法进行防范和控制，以最低的成本使风险导致的各种损失降到最低程度，最大化实现企业的生产经营目标的动态过程。

在这里，我们可以看出，农业企业的风险管理是服从和服务于企业经营管理目标的。它和企业生产经营过程一样，贯穿其中。风险管理是企业管理的重要组成部分，只要存在企业的生产和经营，风险管理问题就永远存在。从实践上看，农业企业风险管理目标可以分为损失前的管理目标和损失后的管理目标。损失前管理目标是：选择最经济有效的方法来减少或避免损失的发生，将损失发生的可能性和严重性降至最低程度，从而提高工作效率；损失后的管理目标是：一旦损失发生，尽可能减少直接损失和间接损失，使其尽快恢复到损失前的状况。两者结合起来就构成风险管理的完整目标：把可能的损失降到最低。

一般来说，农业企业风险管理分为两类：经营管理型风险管理和保险管理型风险管理。前者是对包括政治、经济、社会的变革在内的所有的企业风险（包括纯粹风险和投机风险）的管理。后者仅将纯粹风险（可保风险）作为风险管理的对象，它把保险管理放在核心地位，把保险防灾损失（安全管理）作为补充手段。

第二节 农业企业内部控制现状

近年来,我国农业企业不断发展,它对促进我国农业产业结构的调整、促进我国农业的产业化经营、不断提高我国农产品的质量、提升农业经济效益、提升我国农业国际竞争力、加快我国农业现代化的发展具有十分重要的现实意义。但是,纵观我国近年来农业企业的整体经营现状,大部分农业企业出现了经营绩效下滑、经营风险四起、经营危机重重等问题,这主要是农业企业内部控制失效造成的。为了进一步规范我国农业企业的内部控制制度的建立与实施,国家相关部门先后制定并实施了与内部控制制度相关的法律法规、政策。这些法律法规与政策的实施在一定程度上对进一步强化农业企业的内部监督、整顿与规范社会主义市场经济具有十分重要的意义。但是目前,我国农业企业内部控制制度还尚不完善,管理方法较为落后,会计信息质量不高,这些已经成为阻碍我国农业企业管理水平提高的关键问题,更是影响我国整个农业市场经济健康、有序、科学发展的重要问题。

一、我国农业企业内部控制存在的问题分析

(一) 会计核算制度不完善

完善的科学的会计核算制度是保证农业企业内部控制制度顺利实施的重要内容,直接影响着会计信息的质量。但是,我国农业企业中会计核算还存在很多问题,例如:尚未建立会计核算工作制度、对会计准则的执行度较低、会计账务处理程序不规范等。虽然有的农业企业根据自身的发展建立了会计核算工作制度,但是内容并不全面、规定过于简单、

实际操作性差、实用性不高等。另外，农业企业对企业会计准则的执行度较低，并未深入理解会计准则，也未按照会计准则的规定进行会计账务处理，存在很大的随意性，错误比较明显，对会计数据任意进行调整、虚报会计信息等。

（二）会计人员素质低下职责不清

农业企业在会计机构与岗位的设置中还存在诸多不足。例如：对会计人员的配备不够。虽然很多农业企业都设立了会计机构，但是在人员配备上存在明显不足的问题。如：会计人员的数量不足、会计人员的素质不足等。人员不足的问题主要表现在，有的农业企业设立的是一个会计、一个出纳的岗位，岗位人员不足使得很多农业企业中的财务人员兼任其他不相容的职务，如：会计兼职做档案保管工作等。会计人员的素质不足主要是指大多数会计人员仅仅是拥有了会计从业资格证书，并没有取得会计初级以上的职称证书，会计人员的业务素质低下使得会计工作频繁出现错误，影响了会计信息的正确性、科学性、完整性。目前我国农业企业很少对会计工作的职责权限、激励机制、约束机制等做出明确的规定，这使得很多会计人员对自己的工作职责认识模糊，对会计工作缺乏积极性与工作热情，很多采取消极敷衍应付的态度，最终导致会计工作效率与质量统统下降。

（三）内部会计控制不足缺乏风险意识

内部控制是直接影响会计信息质量的因素，也是防止会计舞弊的一种重要手段。目前，我国农业企业会计的内部控制还存在缺乏内部会计控制意识、缺乏适当的控制活动、控制活动的执行不严谨、控制风险的意识与能力较差等问题。例如：有的农业企业对内部会计控制的认识非常有限，很多会计人员认为内部会计控制主要是针对出纳人员的控制，对出纳提出了很多要求，防止出纳出现挪用公款、侵占公司财产等问题，并没有意识到内部会计控制不仅仅是防止出纳人员的舞弊行为，还要对货币资金、销售与收款、实物资产、采购与付款等各方面都进行内部会计控制。再例如：对货币资金的内部控制方面，很多农业企业仅仅是制定了不相容的职务分离、财务收支审批等制度，但是对于现金、银行存款的管理、各种票据的管理、货币资金业务的监督与检查等方面并未制定出严格的内部会计控制机制，从而导致农业企业货币资金内部控制不严格，经常出现坐支、私设小金库、收入不入账等问题。

二、完善我国农业企业内部控制的有效措施

（一）不断建立健全农业企业"三位一体"的会计监督体系

会计监督是对企业会计行为的一种外部约束力量，针对我国目前农业企业会计行为中自觉性较差、会计信息造假问题严重的情况，只有加强对农业企业的会计监督，才能有效地迫使农业企业被动地建立健全内部控制制度，对农业企业的会计行为进行有效的约束，才有可能使农业企业的会计信息质量有保证。我国新会计法中对会计监督的重要性进行了要求，要求农业企业及其他企业必须构建"三位一体"的会计监督体系，由国家、社会、企业内部对农业企业的会计执行情况等进行监督。这样一来，农业企业的会计监督主体就不仅仅局限于企业了，还包括国家机关、社会机构等。

（二）不断提高农业企业会计人员的综合素质

会计人员的素质直接影响着农业企业会计工作的质量，农业企业会计人员的素质普遍不高，特别是处于管理岗位的会计管理人员素质更是无法适应社会主义市场经济发展对农业企业提出的要求，这将直接影响到会计工作效率的提升。因此，要想完善农业企业的内部控制就必须先提高农业企业会计人员的素质，加强会计人员队伍的建设，在提高会计人员业务素质、理论素质、实践能力的同时加强会计人员思想道德素质的提升。例如：在选拔、招聘会计人才时一定要选择优秀的、高素质的会计人才，要实现"以薪留人""以酬养廉"的模式，在为会计人员提供职业发展平台的同时为他们提供晋升的机会。对于会计人员进行职业

道德与业务素质的培训是提高会计人员的有效手段。一定要注意从思想上教育会计人员遵纪守法、秉公办事、清正廉洁，避免拜金主义、个人主义的形成。

（三）完善内部控制制度，加强风险管理意识

为了进一步保证我国农业企业的资产安全性，保证会计资料的真实性、完整性、合法性，更为了进一步防止农业企业会计舞弊现象的发生，必须进一步规范会计行为，降低农业企业生产经营风险的发生，不断提高经营管理效益，加强内部控制制度的建设，加强风险防范意识。农业企业的生产具有自然属性、生产周期较长的特点，因此，农业企业将面对远远高于其他行业的生产经营风险。这就要求农业企业必须建立健全风险控制机制，树立风险防范意识，及时发现并识别内外部风险因素，积极应对风险的发生。

总之，现代农业企业主要是以种植业、水产养殖、食品加工、服务业为主的产业。随着农业企业的不断发展，其在我国国民经济建设、社会主义市场经济发展中的地位越来越重要。各农业企业必须加强内部控制与管理，建立与完善内部控制制度，严格规范内部控制程序，明确会计人员工作职责，加强会计队伍素质建设。农业企业应通过不断的改革与创新来完善自身的内部控制制度建设，以此来保证企业的健康、可持续发展，为我国新农村建设奠定基础。

第三节 农业企业财务风险的成因

对于主要从事种植业、养殖业、农产品加工流通销售等的农业企业，其财务风险产生的原因是多方面的，既有外部因素，也有内部因素。有如自然灾害、动物疫病等难以回避的不可控因素，也有企业通过有效管理可以降低或避免发生危害的可控因素。

一、外部因素影响

（一）自然环境影响

农业企业主要从事植物种植、动物养殖及其加工销售，而植物、动物有其自身的生长过程，而且受水、土壤、气候、病虫害等影响，生产过程容易受到自然环境制约，这使得农业企业生产成本具有不确定性，甚至会造成亏损。

（二）市场环境影响

农业是一个弱质行业，一直受到国家的扶持和鼓励，不少农业企业在不同程度上享受着政府的优惠政策。但在市场经济条件下，农产品价格呈现市场化，特别是随着我国的对外开放，大量国外农产品涌入国内，国内外农产品市场逐步呈现一体化，这使得影响农产品价格的因素日益多样化，既受供求、国内货币政策、农业政策等影响，也受国际因素影响。在面对瞬息万变、竞争激烈的市场时，企业的经营活动存在着诸多风险。这些风险影响着企业的生产经营，增加了企业经济损失的可能性，这也是企业在财务管理中无法避免的因素。

（三）农业企业融资难

近年来，许多金融机构认为农业企业生产周期长，受自然环境影响大，农业生产的季节性特点使得企业对资金需求不均衡，把握投资收益与风险的难度大，投资风险高。银行对涉农贷款积极性不高，使一些比较好的农业项目和企业难以得到信贷资金。企业因难以得到政府项目资金及银行贷款支持，常常只能在正常资金融通体制外活动，即使能得到一些资金，融资成本也较高，制约着农业企业发展。

生猪养殖行业的银行贷款平均利率水平明显高于社会平均水平。根据人民银行2019年四季度货币政策执行报告数据，2019年8月以来，贷款加权平均利率明显下降。截至2019年末，新发放企业贷款加权平均利率为5.12%。全国农业融资担保体系逐步完善以来，生猪养殖业客户通过各省级农担公司担保取得的银行贷款利率不高于5.655%，担保保费0.8%，综合贷款成本不超过6.455%，虽然融资成本降幅明显，但仍高于5.12%的企业平均加权贷款利率水平。

银行贷款获得难度较大。由于生猪养殖风险较高，且绝大多数生猪养殖户缺少有效的抵押物，所以难以直接获得银行机构的贷款。即使部分生猪养殖户生产经营情况良好，受限于缺乏行之有效的风险缓释措施，面对突发疫病的不确定性、市场行情的波动性、客户经营管理不善等各方面风险因素，银行机构为防控信贷风险往往也会控制信贷规模，在一定程度上存在对生猪养殖户惜贷、慎贷的现象。

融资渠道单一。生猪养殖户获得的金融支持往往局限于银行贷款，保险、期货、租赁等其他金融服务手段相对匮乏。银行贷款的业务品种以短期流动资金贷款为主，养殖户用款期限与养殖周期难以匹配，尤以贷款资金用于改扩建猪舍、购买固定资产设备、购买环保设备为典型，存在短贷长用的财务风险。

二、内部因素影响

在农业企业的生产经营中,企业不仅面临着外部因素影响,也面临着许多内部风险。内部风险除了与企业的管理活动和生产经营活动相关的风险外,还存在因企业内部人员缺乏风险意识或主观意识造成的违规违法行为对企业造成的风险。企业内部风险虽错综复杂,但多数是可控的,企业通过财务风险控制及有效管理即可降低其危害。内部风险因素主要有如下几种。

(一) 农业企业缺乏风险意识

我国农业企业大多数起步较晚,而且以中小企业居多。企业管理者对内部会计控制制度建设重视不够,缺乏对财务风险的监测,风险管理不到位。当企业面临财务危机时,也未能及时采取有效措施降低财务风险,弱化了农业企业应对市场竞争的能力,使企业处于无序状态。

(二) 农业企业抗风险能力较弱

受传统计划经济思想的影响,我国对农业基础设施建设的投入不足,农业生产环境得不到有效改善,落后的农业生产环境影响了农业生产,制约了农业企业发展。农业企业科技投入少,科技创新能力差,不能有效拉长产业链条,难以发挥科技的带动作用,农业产业化发展不足,影响农业企业做强做大,削弱了农业企业的抗风险能力。

(三) 有些农业企业经营管理不善

随着经济的发展,社会的进步,人们对企业内部监管的要求越来越高,企业所面对的市场竞争也越来越激烈。许多农业企业因缺乏有效的管理团队,或因内部关系较为混乱,或成本意识不强,没有认真对成本进行严格管控,或投资决策不当等,使企业管理质量和效率低下,企业获利能力减弱甚至亏损,影响着企业发展。而当企业的偿债能力低下,财务状况持续恶化时,企业容易陷入入不敷出的财务状况,甚至会破产。

江苏省小微农业企业经营过程中遇到的主要难题包括以下几方面:

1. 用工难

找人难，季节性用工更难找。费用高，一个工常规每天 100 至 150 元，还要提供一顿午餐，一包香烟。缺技术，疏花疏果、修剪之类的技术活做不好。不安全，大多数是老年人，自我保护能力差，出个安全事故，不仅误工，还要赔偿。

2. 更新难

新品种、新技术、新理念接受能力差。参加农民培训效果有限，而每家每户都上门手把手示范也不现实。小农户普遍是种植原有老品种，一管几十年，沿袭传统生产管理方法。传统用药用肥，导致病害越来越严重。2018 年，露天栽培的葡萄感染霜霉病，炭疽病大流行，果农损失较重。

3. 投入难

购买农机具，就是家里几亩田，显得单位成本过高，而没有机械作业，翻土、施肥等大强度体力活，又力不从心了。发展避雨设施栽培，高标准大棚需要投资 6 万元/亩，常规连栋大棚也要 3 万元/亩，而三五亩的小户，一年正常经营，纯收入也就二三万元。一次性投入过大，既舍不得，也拿不出。而露天栽培长势弱、病害多、品质差，必然是卖价低、没效益。

4. 销售难

一方面小农户品种单一，没有办法去做彩色套装销售，不能满足不同客户喜好；另一方面品质管控总体较差，只能以廉价转给小商贩。同时，小规模经营也很难打出品牌来，无法获取品牌效应。

发展难。成长不了，不仅做不强，而且大多难以挣到钱。开发不了，想发展新品种、多品种困难，就那么大量，就这么多地。

5. 融合难

没有能力、没有余地发展多业态经营，也就得不到产业链条多个环节的多重收益。

6. 服务难

技术服务难。农业技术指导、推广，只能是批量组织培训。哪怕是到田头示范，也只能到合作社、家庭农场，难以到每家每户。政策支持难。所有惠农政策都有一个基本门槛，而小农户由于规模不大，往往够不上项目申报条件。即使申报条件放宽，小农户也没有实力实施农业项目。

7. 品质监管难

服务品质兴农，必须按照生产标准把控生产投入品质，全过程质量监管，但面对千家万户也是心有余而力不足。

（四）专业财务管理人才匮乏

目前，许多农业企业缺乏高素质的专业财务管理人才，造成这种情况的原因主要有两方面：一方面，由于农业企业普遍存在着工作辛苦、待遇低等问题，难以吸引高素质的财务管理专业人才；另一方面，农业企业财务管理人员，只注重财务知识培训，缺少对企业生产经营情况的了解和掌握，不利于其及时发现企业的缺陷和漏洞，防患于未然。

第四节 内部控制视角下农业企业财务风险管理
——以 A 公司为例

一、公司的内部控制与财务风险现状
（一）A 公司的简介

A 农业股份有限公司成立于 2008 年，位于安徽省，紧邻沪陕高速公路，交通便利。公司注册资金 9000 多万元，固定资产 2.6 亿元，厂区占地面积 8.6 万平方米，在册员工 238 人，是国家级"高新技术"企业，"放心粮油"示范企业，安徽省农业、林业、粮食产业化龙头企业。公司所处行业为农林牧渔（农产品加工），公司主要从事绿色菜籽油、有机茶油生产、加工、销售业务，公司的主要产品包括：健康调和油、绿色菜籽油、有机茶油等。公司采取"供产销"一体经营模式，现有育苗智能温室 3500 平方米，年出圃良种油茶苗、薄壳山核桃苗 500 万株。公司拥有芝麻油、花生油、茶籽油"绿色食品""中国有机食品""欧盟、美国、日本有机食品"等十二项标志使用权，并于 2013 年在合肥成立了启航养生油有限公司，产品销售覆盖国内大中城市，形成了一套完善的绿色产业链销售网点。A 公司组织结构图如图 5-1 所示：

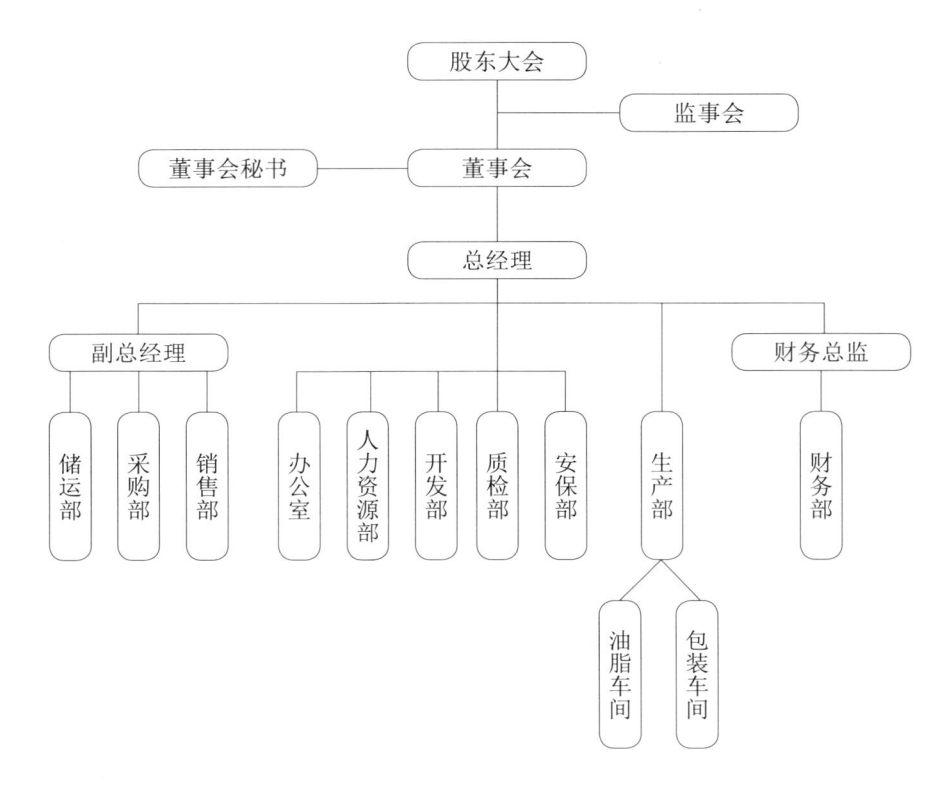

图5-1 A公司组织结构图

（二）A公司内部控制现状

随着市场经济的不断发展，尤其是我国加入WTO以来，民营企业的发展进入高速，已成为国民经济发展的重要力量之一。然而，民营企业，包括A公司的内部控制制度制定和实施效果并不好。和我国大多数农业企业一样，A公司起步较晚，但是发展较为迅速，大多数农业龙头企业已经有了自己的内部控制体系，但是就其企业的发展程度而言，A公司在内部控制体制方面还存在着一些问题，这里主要从控制环境、风险评估、控制活动、信息与沟通和监督五个方面来体现。

1. 控制环境

内部控制制度的核心内容是控制环境，它的好坏直接影响其他控制要素作用能否得到体现，没有环境起基础作用，内部控制无法控制其他要素，进而导致企业内部控制制度及政策方针无法得到贯彻和执行。

A 公司为安徽某混凝土有限公司的两人共同出资设立，在股东中只有两位股权持有者系兄妹关系，其余持股股东之间无关联关系。A 公司这样的股权持有情况能够较好地满足公司治理环境，但是 A 公司依旧出现了股权和行政权过于集中的情况，这样会导致企业在实际内部控制中出现对社会责任感、道德观、甚至法律法规不够重视的情况，容易使得企业控制环境变得相对薄弱，导致企业整体财务风险增大。

在对 A 公司的调查中发现，A 公司虽然有制定岗位说明手册，但过于注重形式，没有真正地要求新入职员工按照规范说明执行任务，使新员工对自己的工作要求和职责不清晰，导致他们对工作角色适应缓慢，工作激情与效率都不高。A 公司的员工培训计划也并不完善，急需改进公司的培训系统。且 A 公司缺乏再教育措施，阻碍了员工的发展，高质量人才无法提供，降低了企业发展的步伐，减慢了企业的发展速度，进一步影响了企业的可持续发展，给企业后续的营运带来严重的风险。

此外，A 公司筹资、投资的方案主要是由财务提出，一般由财务总监批准，重大事件交由董事会或股东大会审议通过，加之 A 公司并没有设置内部审计这一机构，权限过多集中在财务总监身上，管理人员对控制环境认识的缺乏，给企业内部控制体系带来隐患，给企业带来较大财务管理风险，这也是 A 公司目前在内部控制体制上面存在的漏洞。

2. 风险评估与控制活动

目前，A 公司虽然制定了《对外投资管理办法》《对外担保管理办法》《关联交易管理办法》《企业财务管理制度》《员工手册》《人事管理制度》《采购部管理制度》《生产部管理制度》和《销售部管理制度》等内部管理控制制度，但并未设置专门的风险管理机制，也没有建立全面风险管理体系。在筹资方面，A 公司缺少对长远风险的预测及重大风险的评估，没有一个完善、科学、全方位的财务风险控制体系，造成了严重的筹资风险；在投资方面，企业董事会并没有对投资风险预测评估引起足够的重视，使得 A 公司在财务风险和财务评估方面能力有所欠缺；在运营方面，由于缺乏一定财务方面的人才，加之企业内部对财会人员分工不明确等情况，造成了严重的营运风险，这也是我国其他农业企业在财务风险控制体系中存在的主要漏洞。

在企业的日常经营活动中，在预算管理方面，A 公司由于存在着较为严重的企业行政经营权和股票持有权两种权力集中的现象，企业预算管理往往集中在中高层；在筹资方面，在企业经营活动的控制上不相容职务集中于同一人员上，分离得不够彻底；在运营方面，A 公司缺乏财务人员及财务人员的专业素质不高等造成在决策者制定了相应的经营活动之后，执行反应速度慢，执行效率低下及执行力不够的情况，导致 A 公司在企业内部控制活动中执行力比较软弱，执行效果不佳，这也从侧面反映出了 A 公司在内部控制体系上的缺陷。

3. 信息沟通与监控

在信息沟通方面，A 公司的企业信息传递渠道构建不够合理，经常出现传达不到位、传达不清楚的情况，出现了下层不能很好地了解决策者意图与上层不了解基层基本工作情况，给下一步的企业计划与企业活动带来了严重的阻碍；同时 A 公司的信息系统不够完善，信息系统基础设施与人员配备都有很大的欠缺，A 公司虽然已经建立自己的网站，但是网站上面的消息、通知、活动等更新不及时，公司网站没有起到应该有的作用，成了"摆设"，这些都在一定程度上形成了营运风险。

在企业内部控制的监督方面，A 公司由于行政经营权和股票权过度集中，没有形成决策者之间相互制约相互监督的监督管理体系，并且没有引起企业领导者的足够重视。此外，内部审计部门作为企业内部的监督机构，A 公司并没有对这方面引起足够的重视，只在财务部门设立了内部控制管理岗，这样无法保证内部审计的独立性。另外，由于A公司并没有设置内部审计机构，对公司持续完善内部控制造成了严重的阻碍，使得公司无法进行有效评价、监控。A公司监督的可持续性不强，就无法检查、评估公司内部控制的执行情况，使得内部控制执行时出现的缺陷和不足无法得到及时的反馈，对企业筹资、投资、营运都有着一定的影响，造成企业财务风险。

（三）A公司的财务风险现状

风险是时时刻刻都存在的，并且是不确定、不能根除的，不同类型的企业和周围环境的不同使得企业所要面临的风险更不一样，特别是对于农业企业而言，企业存在风险的概率更大。A公司虽然是农业龙头企业，但由于A公司自身的成长环境和其自身特点，导致它也会面临多种风险。A公司的财务风险主要表现在筹资风险、投资风险、营运资金风险这三个方面。

1. 筹资风险

筹资风险的衡量主要与企业的偿债能力有关，A公司筹资风险指标中，流动比率在60%～90%，速动比率在20%～35%，资产负债率在50%～65%。

观察A公司的流动性指标，发现其流动比率和速动比率比较低，且均低于1，这说明了A公司短期偿债能力低，在短期偿债方面面临融资风险较高。

普遍认为，资产负债率适当水平在40%～60%。但不同行业、领域的企业对债务的处理是不同的。在农业企业等筹资风险较高的行业中，为了减少财务风险通常选择较低的资产负债率。而A公司的资产负债率均在50%以上，其指标是较高的，说明其在长期偿债方面融资风险较高。

调查到A公司的筹资风险主要源于下面三个方面：（1）A公司由于产品的同质性，市场竞争大，对产品的质量要求高，一旦A公司的决策者决定了某一项目之后,基本采取的都是向银行取得长期贷款,虽然相对于其他的融资工具,银行贷款是成本较低、资金来源稳定,可是银行为了控制贷款的风险,通常对企业的信誉、资质、成长性等方面要求很高,而且往往需要抵押物。A公司为了取得贷款已经向银行抵押了安徽正沃农业贸易有限公司应收账款余额、存货中冷榨茶油、土地使用权等。这意味着一旦A公司经营惨淡,长期处于亏损状态,那样公司就不能按期支付债务本息,撇开给企业带来偿还债务的压力外,也很可能会影响到A公司的正常生产活动,导致企业陷入严重的财务危机。(2)当前A公司股权和行政权过于集中,一些重大决策均由公司实际控制人决定,对于筹资事宜,往往由一人拍板决定,而没能够进行系统分析,一定程度上形成了筹资风险。(3)当农产品的收获季节来临时,A公司就需要大量的资金来采购农产品,并且大多数都是现金交易,这就使得A公司在筹资的时候注意借入资金的范围,以确定所筹资金是否在企业风险的承受能力之内。

2. 投资风险

A公司由于具有农业企业的特殊性,与其他类型的企业相比较,其投资风险具有一定的特殊性,其特殊性来源于:A公司除了持有凤台农村商业银行3.14%的股份,每年可以获得1000,000元的分红以外,其余投资项目均投资于以农业生产为主要目的的固定资产和生物性资产中。A公司这种投资方式使之容易受到自然因素的影响,而且产品投资项目周期长,预见性较差。

A公司的农业投资对土地和周围生产环境的依赖性都说明了A公司的投资具有较高的风险,对企业的财务风险控制体系和企业内部控制体制、人员专业素质、产业结构等都有较高的要求,经济收益和其他方面的收益不像工商企业项目一样可以很快地获得,投资效率低下,投资回收周期长,投资内容范围广,综合性强等特点都使得公司在决策的时候面临着较大的风险。同时,农业企业的产前、产中、产后的配套建设要齐全，这就要保证该项目可以有持续发展的基础建设，这给企业的财务带来很大的压力，一个新的投资项目需要 A 公司建立新的采购链及销售链，增加了投资项目的风险强度。

3. 营运资金风险

企业资产管理水平和使用效率越高，资产周转率越快，企业的营运能力就越强，抗财务风险的能力就越强，反之就越弱。根据 A 公司的实际情况，本部分主要选取存货周转率、应收账款周转率指标作为反映企业运营能力的衡量指标。

近几年 A 公司的存货周转率（次）在 1～2，应收账款周转率（次）在 3～6。

A 公司近几年年存货周转率均低于农业上市公司的均值，存货周转天数长，存货管理水平低于行业均值。应收账款周转率一直在下降，而且严重低于行业平均值，这说明 A 公司应收账款管理水平低，企业经营能力较弱，相应的营运资金风险增大。

除了上述存货、应收账款管理造成的营运资金风险外，技术、管理等方面也是 A 公司在运营过程中所要面对的主要营运资金风险。科学技术的发展使得高科技的农产品层出不穷，科技含量的高低已经成为产品质量的一个重要衡量标准，也是产品品牌竞争的核心，公司领导者必须重视企业的技术，因为技术的落后或者消失必然会给企业资本运营带来损失。在企业资本运营过程中，尤其是产权资本运营，通常都伴随着融资活动，特别是在企业发展规模大或者进入产品采购时期，这样的企业经营活动会对企业原有的资本结构进行改变，进而影响到股东利益的变化，运营过程中一旦发生亏损或者盈利不佳的情况，企业的资本增值缩小甚至减值，这就形成了财务风险，甚至导致企业负债极高，本身负债率升高，进而加大财务风险。企业管理当局本身资本运营的决策体制及方法对资本运营后目标企业的重整与再造等造成，导致经营活动失败，未能达到预期的收益结果从而给企业带来营运资本风险。从一定程度上来说，企业所有经营活动包括资本运营活动能否达到预期目标，最主要的是管理，而企业的管理又受到企业内部控制体制等因素的影响，所以管理风险是形成企业经营风险的最基本、最常见的风险。对于农业企业营运资金风险保证的农业保险，并没有涉及 A 公司，因此，也并没有降低 A 公司的营运资金风险。

二、内部控制视角下的 A 公司财务风险控制

（一）筹资风险控制措施

1. 健全企业筹资内部控制制度

A 公司经过飞速的发展，已经拥有了一套较为完善的适合于公司发展的内部控制制度，但就其在筹资方面来讲，还存在着欠缺。A 公司筹资活动流程图如图 5-2 所示：

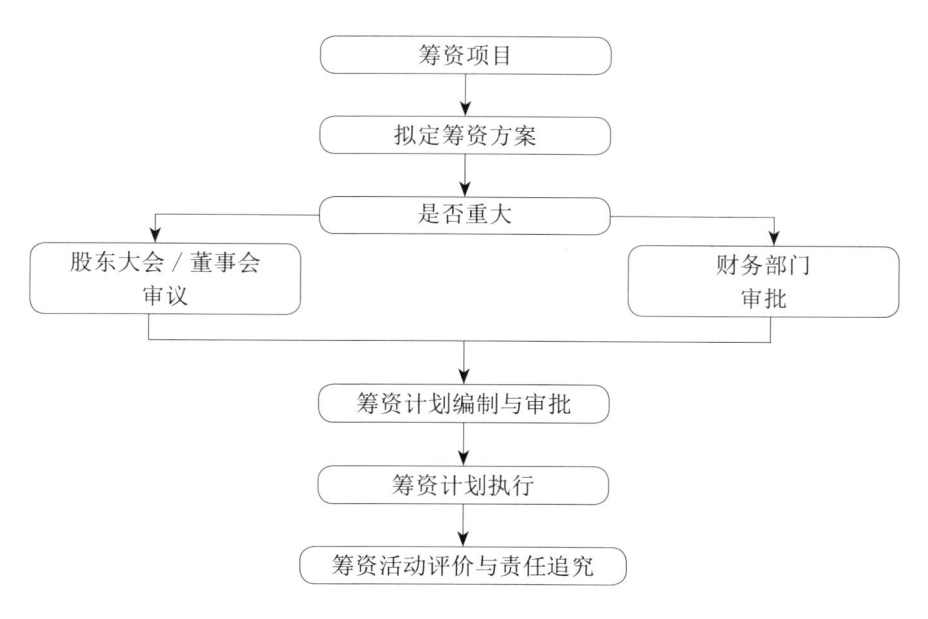

图5-2 A公司筹资活动流程图

A 公司所筹的资金应该让其最大限度地发挥作用和创造效益，企业

在筹资前为了降低筹资风险,最重要的是建立健全一个科学完善的筹资内部控制制度和资金管理体系。制定战略发展计划,明确企业发展目的和发展前景,A 公司在进行融资的时候应该对于每一笔融资,企业都要做到对项目风险评估、对财务风险管理体系完善、融资过程中尽可能按照原定计划进行融资,对未评估和预测到的情况应该做出科学的调整,融资之后的资金应该立即记录并按照原定预算进行使用,在每一步的操作中,都要有财会相关人员及监督管理人员陪同并做好科学完整的记录。从 A 公司的筹资活动流程图中看到,A 公司没有内审部门,财务部门的权限过大,建议 A 公司设立专门的审计部门,对财务部的筹资活动进行监督。

2. 建立企业财务风险筹资预警系统

A 公司作为农业龙头企业,应该重视科学、完整的财务风险筹资预警系统及财务管理系统,在结合 A 公司自身的实际情况的基础上,依据法律法规制定适合公司发展的财务风险管理办法,加强实施风险防范与各个部门之间及其上下级之间的相互监督,建立较为完善的财会制度,对财务和会计之间的监管职责进行明确区分,落实分级负责制度,对公司的审计监督体系进行持续改进,企业领导者应该加强制度的约束力;完善财务风险预警及监控机制,对公司所有的经营活动及其规划都要进行全面预算管理,规范会计核算,编制会计报表,最大限度地减少人为原因造成的财务风险,完善会计审核、财务收支管理、资产管理、资金审批、企业往来管理等制度,企业收支、现金往来和库存的管理要加强。同时,一个有效的财务风险筹资预警系统要具备实现信息的收集、加工、存储和反馈的职能,为预警系统提供全面、准确、及时的信息。建立企业财务风险筹资预警体系,健全财务风险管理体制,从而全面降低企业不必要的管理成本,提高经营效益。

3. 完善企业筹资反馈系统

一个完整的筹资反馈系统能够有效地使企业领导者把握企业的资金

筹备情况，同时也能够拓宽企业的融资渠道，农业企业要从信用期间、标准及完整的会计报表等方面着手制定和完善企业筹资反馈系统，同时要加强投资者之间的沟通及配合投资者的评审工作，与投资者建立起良好的信用档案。企业的每一笔筹资不管是以现金的形式还是直接进入公司的银行账目，相关工作人员都必须按一定周期将这些数据统计起来并反馈给企业的领导者，真实地反映出某一阶段企业的融资情况，能够使企业的领导者从宏观到微观、从整体到个体全方位对项目进行把控，给领导建设性的决策提供依据，同时也能够积极地、尽早地暴露出重点需要关注的问题并将其尽快解决，降低企业经营活动中可能出现的财务风险。一个完善的企业筹资反馈系统能够使企业的领导者从微观和宏观角度掌握项目的整体融资情况，在相关工作者能力富余的情况下还可以通过图形图表，将项目主要指标进行形象展示，为分析决策提供支持，从宏观到微观，从区域、行业项目监控到具体项目融资细节跟进，全面掌控项目融资动态。

（二）投资风险控制措施

1. 健全企业投资内部控制制度

随着 A 公司与国际市场的搭接，不断地创立自身的商标，例如欧盟、美国、日本有机食品，公司的发展呈现出一片欣欣向荣的景象。公司发展规模越大，越要建立起企业自身的投资内部控制制度，不管企业领导者选择什么样的投资与投资方式，都面临着一定的风险。A 公司投资活动流程图如图 5-3 所示：

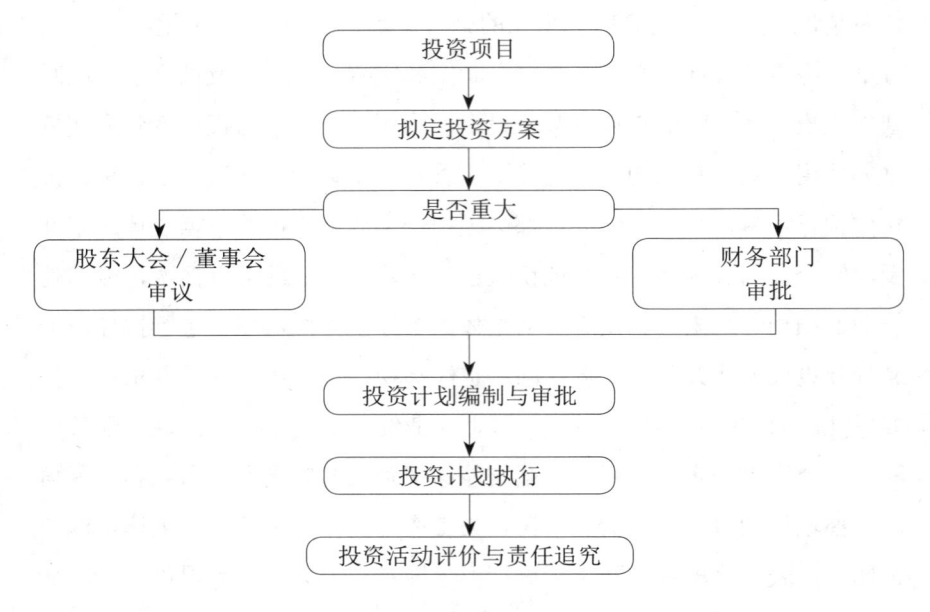

```
         ┌──────────────┐
         │   投资项目    │
         └──────┬───────┘
                ↓
         ┌──────────────┐
         │  拟定投资方案  │
         └──────┬───────┘
                ↓
         ┌──────────────┐
    ┌────│   是否重大    │────┐
    ↓    └──────────────┘    ↓
┌─────────────┐         ┌─────────────┐
│股东大会/董事会│         │  财务部门    │
│    审议     │         │    审批     │
└──────┬──────┘         └──────┬──────┘
       └───────────┬───────────┘
                   ↓
         ┌──────────────────┐
         │ 投资计划编制与审批 │
         └────────┬─────────┘
                  ↓
         ┌──────────────┐
         │  投资计划执行  │
         └──────┬───────┘
                ↓
         ┌────────────────────┐
         │ 投资活动评价与责任追究 │
         └────────────────────┘
```

图5-3 A公司投资活动流程图

投资内部控制制度就是要严格控制投资过程及其各个环节的科学性、合理性，尽量降低企业投资的风险。企业资金是企业经营管理中最宝贵的资源，是企业财务管理中的控制重点。农业企业资金管理必须实现集中审批制，强化企业资金的统一管理。A公司应当设立预算部门和风险评估部门，通过这两个部门的合作来严格控制资金支出。同时投资内部控制制度要加强监督部门监督与配合，加强财务部门对资金的控制，监督部门要严格执行自己的职责。所以，企业要建立完善的投资内部控制制度，就必须要有三个职能部门之间的相互配合和约束监督，保证企业的每一个投资都是在最低风险下进行的。

2. 建立企业财务风险投资预警系统

企业的预警职能部门是一个与其他的部门相对独立的部门，与企业的其他部门之间不交叉、不重叠，间接地参与企业的经营活动，但是不能干预企业的经营活动，只对企业最高管理层负责。建立财务风险投预警系统虽然能够增加企业的管理成本，能够有效地降低企业的投资风险，避免企业投资受到损失。企业财务风险投资预警系统的成员可以全职或是兼职，但要熟悉企业内部管理机制，也可以聘请企业外部管理咨询专家。一个对企业起到积极作用的风险投资预警分析系统，一定要具有一定的预先防范危机的意识，在分析内部数据和相关外部市场、行业等数据的基础上要可以做到有效地预知企业的投资风险，建立大量资料统计分析系统，加强财务风险投资预警系统最重要的是形成信息收集、传递的完整、快捷的渠道。

3. 完善企业投资反馈系统

一个完善的企业投资反馈系统有利于企业的董事、股东加强对企业现在进行的所有活动项目的了解，每一经营活动投资完成之后，附有财务管理、人事、监督、审计等职能部门应该相互配合将参加此经营活动的业务岗位设置、人员配置、会计处理、经营活动进行的情况决策程序及决策环节中的各个细节等信息整理出来传递给企业的领导层，使得企业的领导层能够有效地、及时地掌握到每个经营活动的具体细节，有助于企业的领导者对企业的整个发展做出宏观的把握，全面地掌握企业经营活动的情况，不至于出现企业的各个领导都是"瞎子摸象"式地了解企业经营活动。

（三）营运风险控制措施

1. 健全企业营运资金内部控制制度

为实现资金流和物流整合的最大功效，更好地进行营运资金管理，要着重从采购、生产、营销三个方面来健全 A 公司的营运资金内部控制制度。A 公司营运资金活动流程图如图 5-4 所示：

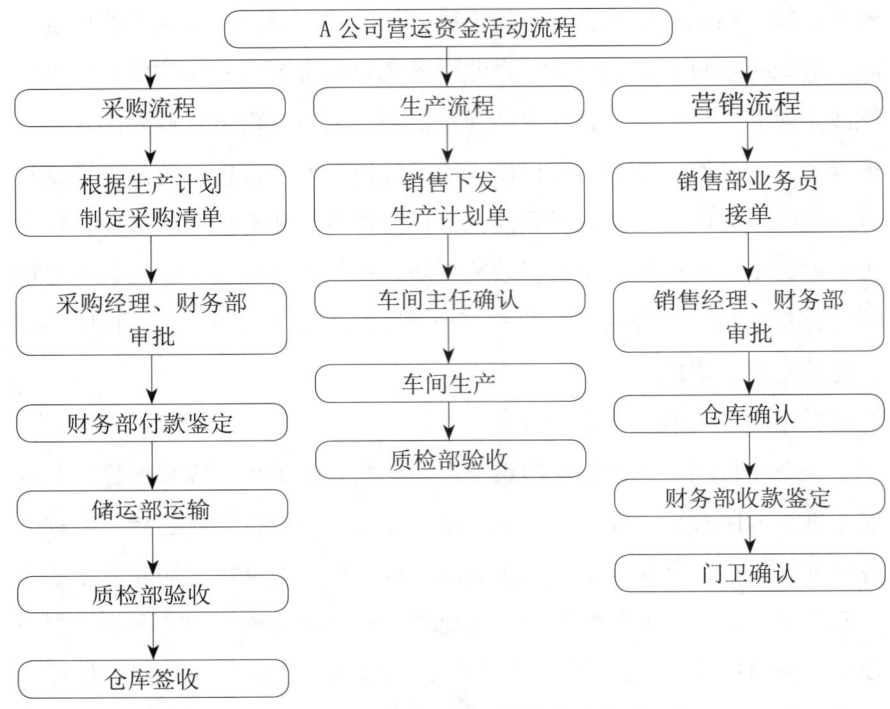

```
                    ┌─────────────────────────┐
                    │   A公司营运资金活动流程    │
                    └─────────────────────────┘
         ┌──────────────────┼──────────────────┐
    ┌─────────┐        ┌─────────┐        ┌─────────┐
    │ 采购流程 │        │ 生产流程 │        │ 营销流程 │
    └─────────┘        └─────────┘        └─────────┘
         │                  │                  │
  ┌─────────────┐    ┌─────────────┐    ┌─────────────┐
  │根据生产计划  │    │销售下发     │    │销售部业务员 │
  │制定采购清单 │    │生产计划单   │    │接单         │
  └─────────────┘    └─────────────┘    └─────────────┘
         │                  │                  │
  ┌─────────────┐    ┌─────────────┐    ┌─────────────┐
  │采购经理、财务部│  │车间主任确认 │    │销售经理、财务部│
  │审批         │    │             │    │审批         │
  └─────────────┘    └─────────────┘    └─────────────┘
         │                  │                  │
  ┌─────────────┐    ┌─────────────┐    ┌─────────────┐
  │财务部付款鉴定│    │车间生产     │    │仓库确认     │
  └─────────────┘    └─────────────┘    └─────────────┘
         │                  │                  │
  ┌─────────────┐    ┌─────────────┐    ┌─────────────┐
  │储运部运输   │    │质检部验收   │    │财务部收款鉴定│
  └─────────────┘    └─────────────┘    └─────────────┘
         │                                     │
  ┌─────────────┐                       ┌─────────────┐
  │质检部验收   │                       │门卫确认     │
  └─────────────┘                       └─────────────┘
         │
  ┌─────────────┐
  │仓库签收     │
  └─────────────┘
```

图5-4 A公司营运资金活动流程图

在我国"订单农业"尚未成熟的条件下，采购时的内部控制在营运资金内部控制中占有很大的比重，A公司应该大力发展建立农业产业化基地，采取与农户合作的形式，运用"企业＋基地＋农户"模式，为采购链奠定基础；生产对于A公司而言，技术含量并不是特别高，但是生产渠道如果发生不畅通时就会影响企业的经营活动，存货积压也会占用大量的营运资金，影响营运资金管理绩效，企业在生产的内部控制制度上一定要不断地改进生产系统，变革生产技术，加强生产过程管理，加强对产品质量的检验，对仪器设备等要经常维护，建立问题沟通机制和问责机制等，保证企业的营业在生产环节不会阻碍经营活动进程；同时，努力做好营销工作，不断采用新型的营销模式。对传统的"推式"营销模式进行改变，将营销目的与客户需求相对接，拉动企业对产品的生产；

与顾客建立良好的互动关系,实现资金的有效流动,解决营运资金周转紧张的问题。

2. 建立企业财务风险营运资金预警系统

财务风险营运资金预警系统具有其自身特色,依据企业自身的实际情况不断完善企业自身的预警途径及有可能造成企业营运风险的条件。与前面提到的企业财务风险筹资预警系统、企业财务风险投资预警系统三管齐下,点面网结合,以期有效地防范企业风险。从企业全局出发,设置长期风险预警指标。通过风险预警指标对企业经营活动资金进行控制,并将财务风险预警指标分为偿债能力、获利能力、盈利能力等几个方面。从自身所持有的现金出发,通过企业现金流向及数额对企业实行动态监控,预测企业潜在财务风险。当企业在日常的经营活动中出现现金流动数目和实际的流动资产数额差别比较大时,企业财务风险营运资金预警系统应该及时地进行分析,落实到问题所在之处,进而做出调整。在企业财务风险营运资金预警系统所掌握的资料、信息和渠道等资源的条件下,企业应当根据自身情况,设置现金流向及其现金流量的预警体系,同时以往年的现金流向及其现金流量做一个参考,判断企业可能在接下来的经营活动出现的风险。

3. 完善企业营运资金反馈系统

企业领导者准备了解企业的基层经营情况并对企业的资金储量有一定的掌握,就必须建立营运资金反馈系统,营运资金反馈系统可以有效地让企业的领导者和基层员工之间相互了解企业经营活动的进程。要完善企业营运资金反馈系统就要做到银行存款每日报账,并将报账结果知晓企业的领导者,告知企业领导者每天存款收入、支出方向及金额,使得企业的领导者或者项目负责人能够了解到银行存款的流动;对于销售情况,企业会计人员应该加强收账管理,对客户的信誉资格进行掌握,经营状况,应收账款规模,加强应收账款的后期跟踪管理,使得信用政策能够全面落实,预防企业出现资金风险。

第六章 我国农业企业"走出去"的财务风险及对策

第一节 "一带一路"倡议的概述

2013年，我国先后提出共建"丝绸之路经济带"和"21世纪海上丝绸之路"的重大倡议。"一带一路"既是一种发展机制，也是一种合作创意与理念，目前得到越来越多国家的支持。"一带一路"倡议能够推动沿线国家经济的增长，加强国与国之间文化交流，同时有助于解决中国产能过剩、需求不足的矛盾。2007年以来，随着农业"走出去"作为国家战略在中央1号文件中提出，国家不断出台各项措施支持境外农业投资与合作，境外农业投资规模不断扩大，速度显著提升。2016年，中央1号文件提出加强与"一带一路"沿线国家和地区及周边国家和地区的农业投资、贸易、科技、动植物检疫合作。支持我国企业开展多种形式的跨国经营，加强农产品加工、储运、贸易等环节合作，培育具有国际竞争力的粮商和农业企业集团。2017年，农业部等四部委联合出台了《共同推进"一带一路"建设农业合作的愿景与行动》，为新时期农业"走出去"做出了顶层设计。2018年，中央1号文件进一步提出建立健全我国农业贸易政策体系，深化与"一带一路"沿线国家和地区农产品贸易关系，积极支持农业走出去，培育具有国际竞争力的大粮商和农业企业集团。随着国家农业"走出去"战略的深入实施，国家对农业"走出去"支持力度不断加大，民营企业和地方国有企业的农业对外投资在不断增加。

第二节 我国农业企业"走出去"现状分析

"一带一路"倡议提出以来,越来越多中国农业企业走向海外,这些"走出去"的农业企业是提升我国农业全球竞争力、资源配置力、市场控制力和国际影响力的关键主体。我国农业企业走向全球的步伐没有停止,农业对外投资稳步增长,年均增速20%以上。目前全国有近600家企业在全球45个国家和地区开展农业合作,并不断开拓新资源、新市场,其领域涵盖农、林、牧、副、渔各业,足迹遍及全球五大洲,其中从业人员多达6万人,农业企业的格局也在发生变化,具体表现在农业区域、农产品品种、企业主体、经营方式和发展模式等方面。我国农业产业化经营发展迅猛,涌现了一批竞争力雄厚、国内外市场开拓能力强大的外向型产业化龙头企业,在境外农业投资、跨国农业经营等方面初露锋芒,成绩喜人。

自2013年"一带一路"倡议提出以来,我国与沿线国家农产品贸易得到了良好的发展,贸易金额不断上升。据统计,2001—2016年中国与"一带一路"沿线国家的农产品贸易规模总体呈逐年增长的趋势。贸易额从99.16亿美元增长至785.41亿美元,增加了7.92倍,年平均增长率为14.79%。农产品进口额从2001年的72.65亿美元增加至2016年的539.21亿美元,年平均增长率为14.3%,总体呈上升趋势。目前,我国已与60多个"一带一路"沿线国家和国际组织签署120多个农业合作协议,共建立重点投资项目258个,累计对外投资金额654.7亿元人民币,中国农业对外投资存量排名前100位的企业有一半以上投资"一带一路"沿线国家,投资占比76%。对"一带一路"沿线国家粮食安全、农民就业和增收、农业基础设施建设、农技推广和农民培训等产生积极影响。

第三节 我国农业企业"走出去"的财务风险分析

中国农业企业走向海外,取得了显著的成就,但同时也带来新的挑战与问题。各种不确定性因素可能导致企业蒙受损失。了解这种可能性就需要深入分析企业的财务风险。财务风险的概念有狭义和广义之分。狭义的风险是指企业资本结构不同而影响企业支付本息能力的风险。企业财务杠杆系数越大,财务风险就越大。这种观点认为财务风险与负债经营相关。广义的财务风险从财务是企业的资金运动及其所体现的经济关系角度出发,是指企业的各项财务活动中,由于不确定因素影响,在一定时期内企业的实际财务收益与预期财务收益发生偏离,从而蒙受损失的可能性。本书采用广义的财务风险的概念,对中国农业企业"走出去"面临的财务风险,从外部风险和内部风险两方面加以分析。

一、外部风险分析

(一)政治风险

"一带一路"沿线涉及国家众多,我国与90%以上的沿线国家都保持着较好的外交关系,除了与印度、越南、菲律宾等有领土争议以外,大多数具有稳定的政治关系。但是"一带一路"沿线的国家政治环境复杂,形势政策变动性大,由于民族、宗教和地理因素等,有的国家政治形势动荡,企业投资安全难以得到保障。我国企业在对外投资时承担较大风险,很多企业对外项目的投资经常会因为当地政治形势或政局的动荡而被迫搁浅或终止。

（二）安全风险

自然灾害和生态环境破坏的发生，火灾、地震、洪水、战争、恐怖主义、极端势力威胁等超出公司控制能力的灾难可将公司资产及生产经营能力完全破坏掉，为中国农业企业海外投资埋下了隐患，尤其农作物的生长需要稳定的生物环境，生产周期较长。安全风险会给企业带来毁灭性打击，使企业陷入财务困境，甚至破产。

（三）法律风险

法律风险主要是由于海外法律体系与国内存在较大的差异性，有很多未知和不确定因素。"一带一路"沿线地区和国家存在不同的法律体系，有的沿线国家法律建设不完备且变数较大，使得中国农业企业海外投资的法律基础不完备。中国企业全球化报告（2017）提出，企业合规性隐忧显现。一些中国企业，轻视尽职调查，投资情绪过热，加上东道国保护主义、歧视中国企业政策、劳工政策不便利、边境政策不宽松、服务机构国际化水平低等，导致"走出去"的中国企业合规性风险突出。各种"隐形壁垒"的客观存在使得"一带一路"相关协议的落实过程屡遭波折。

（四）经济风险

经济风险主要来自税收政策、利率、物价及市场变动的影响。中国农业企业"走出去"未提前了解当地税务体制、汇率政策和监管政策，无法合理判断和规避税收，为企业的生产经营带来了较大风险。由于国际汇率变化的影响、物价上涨等因素，企业海外投资的风险也将会加大。加之受气候变化、生物质能源及农产品资本化影响，农产品价格波动较大，对农业企业资金周转，企业生产发展较为不利。

二、内部风险分析

（一）融资风险

融资是企业扩大规模的重要举措，而融资风险主要是指跨国企业在开展筹资活动中遇到的财务管理风险，其中包括自有资金的管理风险及资产负债风险。我国农业企业在进行海外项目投资时，往往需要大笔的资金支持。而农业企业尤其是小规模的企业在面对国内外两个市场、两种资源、两类规则时，自有资金很难进行长期维持。这时就需要进行多渠道的融资，融资难是农业企业"走出去"面临的一个难题，金融机构在对农业企业提供贷款时门槛太高，容易引发财务风险。同时，由于每个国家的政治环境与货币汇率都是不同的，外汇资金回笼国内时，手续烦琐、耗时较长都降低了资金的使用效率，加大了资金成本，企业资金风险也随之增加。

（二）投资风险

所谓投资风险，主要是指企业在经营投资项目中存在的风险，这种风险主要体现在预期收益与实际收益之间的差距上。投资风险主要包括外汇、业务管理、技术等几个方面的风险。中国农业企业对外投资经验不足、国际化水平不高。与国际投资市场经营多年的外国跨国公司相比，中国企业是后来者，在跨国经营和风险应对等方面还存在一定差距，在全球价值链中的地位和影响力相对较弱，对外投资的质量和效益有待进一步提高。企业自身缺乏良好的风险控制意识和防范措施，盲目追求利益，没有重视风险防范工作。

（三）资金运营风险

资金运营风险主要是指：企业在出售相关产品的时候，其成本资金会转化成结算资金，而结算资金会转化成货币资金，在这个过程中，企业难以把握好时间与交易成本，致使企业产品出售过程存在资金流动风险。目前我国农业企业投资重点主要集中在大豆和棕榈等油脂作物、天然橡胶等热带作物及玉米等粮食作物。农业属于高度依赖自然资源、极易受自然灾害影响的弱质产业。海外农业项目建设和生产周期长、受自然条件技术适应性因素影响大，自我发展能力弱，如果农业收益不佳将影响企业还款能力，导致企业尤其是中小企业的资金链断裂。资金链断裂，将打乱企业生产销售等多个部门的发展，资金周转不灵甚至会引发企业走向破产。

第四节 我国农业企业"走出去"财务风险的防范

一、外部风险应对策略

(一) 政治风险应对策略

"走出去"企业所面临的政治风险可以从两个层面进行预防。从国家层面来说，第一，政府可以通过一定的方式建立关于"一带一路"倡议的信息共享平台，通过该平台发布一些在该战略中所涉及的重点国家及地区的各种相关风险评估信息，如国家推进"一带一路"倡议的官方网站，以及一带一路微信公众号，服务热线电话等。为对外投资农业企业提供实用、配套的信息咨询、培训及技术支持服务。第二，政府还可以通过一定的外交手段同相关的国家建立友好合作关系，并提供一定的外交经济支撑，制定《一带一路国家风险分析报告》《投资指引》，向中国农业企业明晰风险因素、确定发展方向和投资重点。从企业层面来说，第一，企业应该搞好事前调研、事中监督、事后评估。在对外进行投资之前，企业应该通过搜集详尽资料充分了解并客观地评估所投资国家的政治风险；第二，在进行投资的过程中应该开展全方位的公关活动，尽可能地融入当地社会进而缓和矛盾。

(二) 安全风险应对策略

农业属于高度依赖自然资源、极易受自然灾害影响的弱质产业，自然灾害频发、国家动荡、社会环境不稳定、基础设施供给不到位等，都不利于农业的发展。要应对安全风险从国家层面来说，给予必要的资金支持，尤其在农业对外投资的初期阶段，从事境外农业开发的企业面临的困难更多、风险更大，更需要国家给予一定的资金支持。我国目前已设立中小企业国际市场开拓基金，用于支持中小企业积极参与国际市场竞争，开展各项国际市场业务与活动，可将该基金适当向农业对外投资合作企业倾斜，大力推进农业境外开发合作。从企业层面来说，强化自身的实力，加强技术研究，提高防控风险手段，加强风险预警和监测，加强境外农业投资风险的评估与保障工作，对海外投资的风险进行有效规避。

（三）法律风险的应对策略

针对境外政府或组织不公平政策、措施或市场壁垒等法律风险，在国家层面上，第一，要加强海外投资相关法律法规的建设。提供相关争端解决机制，推动并解决问题，畅通沟通受理渠道。为降低境内企业开展境外商务活动中合法权益受到损害和不法侵害的风险，提供力所能及的政策信息服务。为企业海外投资活动创设良好的法律环境。第二，政府还可以通过国际法制规则来帮助企业规避及应对风险。如2017年我国加入税基侵蚀和利润转移（BEPS）行动计划，主动争取将"一带一路"沿线及其他发展中国家的诉求融入国际税收新规则。从企业角度来说，要对投资地的法律法规进行详细的调查了解，对投资地法律建设与我国的差异进行细致的分析，强化对相关法律法规风险应对策略的建设，必要时向相关专门法律中介机构寻求帮助。

二、内部风险应对策略

（一）经济风险应对策略

在"一带一路"沿线的发展中国家内，税务体制各异。从国家层面看，第一完善服务专线，扩充国际税收知识库，及时解读国际税收问题，为纳税人提供税务咨询等服务。第二，鼓励高校应增设"一带一路"沿线国家财务会计准则、税务政治法律制度、经济状况研究课程，培养一批熟悉国际惯例、具有国际视野和国际业务能力的高级财务人员。从企业层面来说，农业企业要熟悉"一带一路"沿线国家或地区的税务环境、税务政策等,加强企业自身涉税意识,建立海外税务风险管理信息获取和沟通机制,及时收集所在地的税收政策变化及优惠措施,有效运用税收优惠政策,制定适应具体项目的税收筹划方案,减少双重缴费的风险。完善内部管理环境,提高财务人员业务水平、完善内控管理制度。

（二）投资风险应对策略

从国家层面看,对跨国农业企业给予政策和资金支持。鼓励各类企业加大境外农业投资力度,参与国际农业贸易与合作。从企业层面看,要加强对风险的目标设定、事件识别、风险评估、风险应对和监控。在投资前要计算风险敞口——实际风险水平,通常根据当前主要风险类别（汇率风险、利率风险、信用风险等业务或运营风险）的风险情况预测得到潜在损失,使风险敞口不高于企业的可承受能力。做好风险规避,例如:拒绝与信用等级低的交易对手交易；外包某项对工人安全风险较高的业务；停止向一个发生战争的国家开展业务等。做好风险转移,例如:合同约定风险转移:在国际贸易中采用合同约定卖方承担的货物的风险在某个时候该归买方承担。还可以使用风险对冲,包括资产组合使用、多种外币结算的使用、多种经营战略的制定,做好风险对冲。

（三）资金运营风险应对策略

从国家层面看,多渠道加强沿线国家间合作,做好动植物疫病疫情防控,建立农业合作公共信息服务平台,推动区域农业物联网技术发展,提升贸易便利化水平,加大农业基础设施和生产、加工、储运、流通等全产业链环节投资。从企业层面看,要从全产业链布局的角度出发,在农业科研、农资研发、生产、加工、物流、仓储、销售等诸环节合理布点,长远谋划,优化农业产业链条,与沿线国家企业合作共建农业产业园区。可以布点到农业生产相关领域,为当地生产者提供技术培训及服务,以技术和服务换取产品与市场。

三、我国农业企业应对跨国并购财务风险的对策

（一）融资风险控制建议

1. 积极拓展融资渠道

拓展融资渠道在跨国并购中是非常必要的，融资渠道多元化可以有效降低跨国并购过程中的融资风险。和鸡蛋不能放在一个篮子里的道理一样，融资渠道多元化的过程就是一个分散融资风险的过程，尤其可以有效降低由于某一种融资方式特有风险带来的跨国并购财务风险增加的可能性。融资方式不同，融资期限和融资成本就会不同，这样有利于在并购过程中资金灵活周转，还可以降低融资成本，并且增加了获得充分资金的可能性。中粮集团这次并购就采取联手海外投资基金的新的融资模式，取得了非常好的融资效果。以下介绍几种主要的融资方式。

银行借款	较低	流程较为简单，融资成本较低，对企业的要求门槛也相对较低，但易受国家宏观调控的影响，也需通过严格的审查。
发行股票	较高	可以获得相对大量的资金，但流程复杂，耗时长，融资成本高，要求融资的企业必须是上市公司
发行债券	较低	融资成本较低，可获得的资金量大，但会增加企业的财务杠杆风险
引进海外私募	较高	有利于公司完善治理结构，但也可能失去控制权，并且会受到商务部的严格监管
信托计划	较低	信托计划是金融创新产品，企业可根据项目收益计划制订信托计划而获得资金
资产证券化	较低	成本较低，但目前此方式在国内运用较少，只在少数的大企业的项目中运用过

由于农业的特殊性，对于农业企业，国家给的优惠政策和资金扶持比较多，农业企业应多关注国家相关的优惠政策，积极争取国家扶持资金，这样不仅可获得更充足的资金，而且会降低融资成本，进而有效降低融资风险。

2. 合理安排融资结构

合理安排融资结构，努力达到最佳资本结构，资本成本是一个衡量

资本结构是否合理的重要标准，可以通过比较资本成本法确定一个合理的资本结构，这样的资本结构资本成本必然是较低的，这使得跨国并购的融资成本降低，必然会降低企业跨国并购的总成本，从而达到降低并购财务风险的作用。但是企业资本结构的优化受很多其他因素影响，要使企业的资本结构达到最优，还需要把其他因素给考虑进去。如要考虑资金的流动性，资金的使用期限，资金的数量，由于涉及国外企业，还要将被并购企业税款缴纳方式考虑进去。在安排融资结构时，企业还得注意控制财务杠杆过度运用带来的风险，借款虽然资本成本较低，而且借款费用可以在税前扣除，使得企业并购总体融资成本降低，但借款过度可能增加企业后期的还款负担，增加企业跨国并购的融资风险，增加企业跨国并购的财务风险，融资时尽量使得经营风险和财务风险保持平衡，从而有效控制系统风险，达到对企业并购项目实施最有利的状态。

（二）支付风险控制建议

1. 采取适当的支付方式

从跨国并购交易的流程来看，支付风险离不开融资风险，支付是融资的目的，两者互为影响。不同的支付方式带来的支付风险也是不一样的，对融资风险的影响也不同，所以企业要选择适当的支付方式，组成最优的支付结构，以把支付带来的财务风险降到最低。支付方式的选择，一定要在充分了解东道国和被并购企业相关信息的基础上并结合并购的实际情况，通过双方谈判协商，其中现金流出量就是需要考虑的重要因素之一，企业进行并购前后，需要考察、整合、营运，都需要投入大量的资金，导致现金紧张，所以在选择支付方式时，尽可能避免单一的现金支付方式，可以结合股权、认股权证、可转换债券和公司债券等多种支付工具进行选择，也可以根据企业自身的特殊性，创造出适合自身的支付方式，组合成最适合的支付方案，这样可以缓解企业现金流紧张的情况，也使得支付方式更加灵活，有效缓解因支付带来的财务风险。值得注意的是，在选用股票支付时，还要考虑控制权的问题，要避免因支付过多的股票使得企业的股权稀释，丧失控制权的情况。

2. 把握恰当的支付时机

不同的支付时间对支付风险的影响也不同，在并购前、并购过程中支付对企业带来的财务压力较大，这两个时期，并购企业现金紧张，且被并购企业还不能为企业创收，所以企业在与被并购企业协商支付时间时尽量避免在这两个时期支付大额的现金，可以多选择权益方式支出，在并购后，整合顺利完成了，被并购企业已经开始正常营运，开始创收了，这时企业的现金压力较少，可以争取在这个时期负担起大部分的现金支出，也可以和被并购企业协商，这个支付时期可以持续较长一段时间，在整个支付期内，企业合理安排，根据企业自身情况和融资方式并结合并购项目进展状况，制定出一个财务风险最小的支付方案。对于农业企业来说，可以制定更符合自身特色的支付方案，农业企业的营运收入主要源于农产品的加工销售，不同的农产品成熟收获的季节不同，企业可根据其主营的农产品的成熟期，推算出其现金充足期，这个时期对并购支付来说是较佳时期，可以承担较大部分的支付比例。农业企业在农作物播种期和收获期需要投入大量的资源和人力，属于成本投入期，现金流出量大，且现金流入量小，企业在协商支付方案时可尽量使得这个时期支付较少比例的现金。农业企业跨国并购选择支付时机也要时刻关注国家的优惠政策，紧跟着政策的号召，这样也能有效降低财务风险。在选择支付时机方面，中粮集团在并购尼德拉剩余49%的股份时，特地选在农业行业的低迷期，使得第二次的收购价格比第一次下降很多，有利于并购交易的进行。

（三）整合风险控制建议

1. 了解双方财务状况，完成财务整合

跨国并购涉及两个国家两个企业，环境对于并购企业来说是复杂的、陌生的。在并购前，要改被动接受被并购企业展示出的财务信息为主动了解被并购企业的财务状况，积极开展各项调查，清楚地掌握被并购企业的财务状况，为并购后的财务整合做好准备工作，避免因对被并购企业财务信息了解不充分带来财务风险。当然并购企业也要清楚地认识自身的财务状况，只有这样，才能更好地将两个企业的财务融合为一体。在并购过程后，要将两个企业的财务机构进行整合，形成一个系统的财务机构，上下有序，各司其职，分工明确，方便财务方面工作的顺利开展。有利于避免因分工不明确，职责混乱带来的财务风险。不仅如此，还要将两个企业的财务工作方法进行整合，根据负责的业务制定出一套合理有效的财务工作方法体系，使得企业既要有统一的财务工作准则可以遵循，又要给被并购企业一定的独立自主作财务决策的空间，这样有利于并购后两处的财务工作可以有效顺利地开展，避免了财务处理上的分歧带来的财务风险。既然被并购企业有一定的财务决策权，那么并购企业就要加强对被并购企业财务处理上的监管，被并购企业距离遥远，所处的文化环境不同，不易管理，只有加强管理力度才可以有效避免因被并购企业在财务上操作违规给企业带来的财务风险。

2. 加强并购后的业务整合，实现协同效应

财务是为业务上发生的账务服务的，从财务风险发生的源头来说，还是要加强对被并购企业的业务管理，做好并购后两个企业业务之间整合。农业企业间的业务整合，具体要从以下几个方面着手，第一，资源整合，这里的资源整合包括自然资源、无形资产物、有形资产、物流运输资源，仓储基地整合，这些资源对于一个规模较大的农业企业来说是必不可少的，合理的整合可以实现协同效应，使得这些资源联合起来发挥更大的效力。中粮集团当初决定收购尼德拉很重要的一个因素是看重尼德拉在欧洲和美洲的资源，而尼德拉选中粮集团也是看重了中国和亚洲的市场资源。第二销售整合，销售对一个企业的发展有着重要的影响，销售整合包括销售模式的整合、销售渠道、销售对象的整合等，通过对销售对象的整合，可以针对不同的销售对象，尽可能地提供个性化的销售模式和产品，满足客户的需求。第三，技术整合，农业企业的发展离

不开技术，企业完成跨国并购，可以在农产品生长技术方面进行交流、整合，技术方面的整合带来的协同效应不可估量，这使得企业发展从中获益多多。尼德拉在种子种植方面拥有先进的技术，并购后，中粮集团就可以从这一技术中获益。第四，发展战略的整合，并购前两个企业有着各自的发展战略，并且各自朝着目标进行着，并购后，可以将两个企业的发展战略整合成一张更大的蓝图，这样尽二合一的全力更容易去完成这个宏伟的蓝图。将并购后的业务整合好，更便于财务工作有序地进行，也方便对财务的监管，从而有效降低财务风险。并购尼德拉符合中粮集团走出去成为国际性农业企业的战略目标。

（四）营运风险控制建议

1. 加强营运资金管理，避免流动性风险

并购整合过后就进入了营运阶段，企业由于增加了一部分，变成了一个新企业，面临的营运环境也是一个新环境了，由于缺乏经验，必然会面临营运风险，企业的营运离不开财务，营运风险直接影响着财务风险，为了避免由于营运给企业并购带来财务方面的风险，必须做好营运上关于财务方面的管理工作。营运肯定会涉及营运资金，加强对营运资金的管理是必要的，营运资金由于流动性较强，相对来说，不太好管理，流动性风险较大，并购后企业要加强营运资金的监管力度，做到流出每笔钱的用途明确，收进来的每笔钱的来源明确，定期将日记账与银行对账单核对，及时调整，现金要做到日清月结，做到账账一致、账实一致。对于农业企业来说，农产品具有季节性，导致其营运资金的流出量和量入量也会呈一定周期性的特点，财务管理人员，也可以根据这一特点分析营运资金的流动是否合理，是否存在问题，这样可以及时有效地避免营运资金的流动性风险给企业并购带来财务风险。中粮集团在这方面的防范措施欠缺，使得企业在后期遭受了巨额亏损，教训值得借鉴。

2. 规范金融工具使用，化解投资收益风险

企业除了会对日常业务投资外，为了增加收益或者减少资金成本，

会将一部分资金投入金融工具中，金融工具的投资可能会带来收益，但也可能带来损失，所以是有风险的，为了避免由于不规范使用金融工具带来的财务风险，应该加强对企业金融工具使用的管理，结合市场行情、企业自身实际情况合理购买金融工具，选择恰当的金融工具，进行组合式投资，有效降低整体风险。由于被并购企业和并购企业所处的环境不同，加之距离遥远，不易管理，因此要尤其加强金融工具使用的管理。针对农业的特殊性，在跨国并购过程中，农业企业在营运过程中还要增强对自然环境带来的财务风险的识别和防范，对农产品价格波动大带来的财务风险的识别和防范。

（五）农业特性带来的财务风险控制建议

1. 适当购买农业保险

农业保险就是农业企业按照农业生产估计产值，进行一定金额的投保，当农业企业的效益受到自然环境的威胁时，保险公司进行一定的赔偿。农业企业的产品易受自然环境的影响，而自然环境难以控制，那么规避自然灾害对农业企业跨国并购的影响，降低农业企业进行跨国并购因自然灾害造成的损失，成了农业企业跨国并购必须面临的问题。针对这个问题，农业保险应运而生。农业保险有效降低了农业企业因为自然环境因素使得其在进行跨国并购遭受的财务风险，保障了农业企业的效益，也降低了由于农产品价格波动大使得农业企业遭受经济损失的风险。自然灾害风险和农产品价格波动风险是客观存在的，这两种风险都有可能使农业企业在进行跨国并购时遭受巨大的经济损失，而农业保险可以使投保企业在投保范围内获得经济赔偿，减少了企业的经济损失，可以有效地降低农业企业跨国并购的财务风险。

2. 完善物流及运输建设

农产品易变质性要求农业企业具有完善的物流渠道及快速的运输能力，而且农产品形状不规则，增加了运输的难度，所以农业企业要加强物流及运输方面的建设，尤其是针对进行跨国并购的农业企业，跨国使得农产品的销售具有跨地域性，另外，农产品的周期性和季节性使得农产品的销售具有跨期性。为了更好地使农产品跨地域和跨期销售，加强物流设施和运输渠道建设是必不可少的途径。但是物流设施和运输渠道的建设需要大量的资金作为后盾，使得营运成本增加，这样农业企业跨国并购整合后营运阶段的财务风险增加，所以必须平衡好并购整合后的营运收益和营运成本的关系。所以在控制营运成本的同时要适当地完善企业的物流建设和运输设施建设。如何平衡好两者之间的关系，可以运用管理会计中价值链管理，使得企业内部管理更加有效，也可以通过相关数据计算出农业企业农产品最佳库存量，这样可以最大限度地降低由于过度发展仓储设施造成的财务风险，也可以促进我国农业企业达到最佳的销售状态，增加企业跨国并购的绩效。

参考文献

[1] 杨伟芳．企业财务管理内部控制方式探析[J]．山西农经，2021(02)：138—139．

[2] 边菲．全面风险管理视角下企业内部控制体系构建研究[J]．商讯，2021(04)：126—127．

[3] 李建平．内部控制视角下的企业税务风险管理[J]．商讯，2021(04)：130-131．

[4] 赵根荣．企业财务内部控制的难点与突破[J]．中国市场，2021(03)：161—162．

[5] 李玲．关于农业企业内部控制的思考[J]．商讯，2021(01)：113—114．

[6] 陈丽．如何加强农业企业内部控制相关问题的探讨[J]．今日财富，2021(01)：110—111．

[7] 王成志．农业企业内控管理的问题与策略[J]．中国市场，2020(33)：43，48．

[8] 王晶晶．农业企业内部控制问题探析[J]．企业改革与管理，2020(15)：32—33．

[9] 陈端端．浅谈我国农业企业内部控制管理的问题及完善对策[J]．时代经贸，2020(20)：77—78．

[10] 李丽娟．农业类企业内部控制的相关问题探究[J]．财经界，2020(6)：158—159．

[11] 王亚，丁克岗．内部控制视角下农业小微企业财务风险控制

研究[J].会计师，2020(08)：54—55.

[12]郭良奋.农业企业内部控制对成本管理的影响分析[J].财会学习，2020(12)：165，167.

[13]李寅.内部控制视角下农业企业资金风险控制探讨[J].山西农经，2019(06)：46.

[14]徐静，姜永强.企业财务管理与内部控制体系构建[M].长春：吉林出版集团股份有限公司，2018.

[15]席龙胜.内部控制信息披露管制研究[M].北京：中国经济出版社，2016.

[16]孙永尧.内部控制案例分析[M].北京：中国时代经济出版社，2007.

[17]李艳华.大数据信息时代企业财务风险管理与内部控制研究[M].长春：吉林人民出版社，2019.

[18]罗怀敬.全面风险管理导向下企业内部控制评价研究——以农业上市公司为例[M].济南：山东大学出版社，2014.

[19]中华人民共和国财政部，中国证券监督管理委员会，中华人民共和国审计署.企业内部控制基本规范[M].北京：中国财政经济出版社，2008.

[20]《企业内部控制配套指引》编写组.企业内部控制配套指引[M].上海：立信会计出版社，2010.

[21]上海市财务会计管理中心.小企业内部控制操作规范手册[M].上海：上海财经大学出版社，2018.

[22]中华人民共和国财政部.电力行业内部控制操作指南[M].北京：经济科学出版社，2015.

[23]中华人民共和国财政部.石油石化行业内部控制操作指南[M].北京：中国财政经济出版社，2014.